国語教育とマンガ文化

二十一世紀の課題と提言

根本 正義

ゆいぽおと

国語教育とマンガ文化

――二十一世紀の課題と提言――

根本正義

はじめに

本書を『国語教育とマンガ文化　二十一世紀の課題と提言』と題した。昭和天皇の崩御から間もなく、平成時代も四半世紀を迎えようとしている。というのに、政治と社会情勢は混迷を極めている。教育の問題もまた然りである。そこで、国語教育の課題を明確にし、その改善策を示すことにしたのが本書である。

私は常にそういう問題意識を持って、研究に取り組んできた。本書は既発表の論文をまとめたものだが、私の視点は決して古くはないし、まさしく二十一世紀の課題と提言となっているという自負がある。それが書名を『国語教育とマンガ文化　二十一世紀の課題と提言』とした理由である。

二〇〇八（平成二十）年三月に新学習指導要領が告示されたが、現実の課題は山積みされ、解決の兆しさえ見えない。では、今日的な課題とは何か、その課題について記しておく。

第一の課題は、落ちこぼしをどう救うかだ。落ちこぼしが救えないまま、「ゆとり教育」を中軸にした学習指導要領が、二〇〇二（平成十四）年度から施行された。しかし、二〇〇三（平成十五）年十二月に文部科学省は、「歯止め規定」の運用の緩和と発展学習を認める通知を、全国の都道府県や教育委員会に出した。その結果、学習指導要領の改正を、二年で再検討することになったのである。

学習指導要領を施行後二年で再検討するということは、二〇〇二年度施行の学習指導要領によって、すべての子どもが基礎・基本の習得ができるという幻想を、支持したすべての人々は反省すべきだ。「ゆとり教育」などという幻想以前に、落ちこぼしを救う手だてを考えるべきだったのである。落ちこぼしを救うために、「学習活動を成立させるための潜在的な力の育成を」(本書67頁参照)考えるべきだったのである。二〇〇三(平成十五)年十月七日の中央教育審議会の最終答申は、「総合的な学習の時間」の改善も求めている。これもまた、学習指導要領実施から二年で、見直しを余儀なくされたのである。

教科を軸にした総合的な学習の時間を考えれば、二〇〇八(平成二〇)年に告示された新学習指導要領でもそれはできるわけで、中教審の最終答申で「教育内容の乏しい授業が放置されたり、教諭の政治信条に基づいた偏向教育も散見され」るから改善をと、指摘されることはなかったし、教科を軸に考えればこれからも問題はなくなる。

私は以前から教科を軸にした「総合的学習の時間」のありようを提言してきた。今こそ「総合的学習の時間再考」(本書120頁参照)が必要なのである。

第二の課題は、日本図書教材協会(日図協)に加盟する教材出版社による著作権侵害の問題をどうするかだ。その実態と谷川俊太郎氏等八人を原告とする著作権侵害裁判の、東京高裁判決の要旨が『JVCAニュース』第三号(日本ビジュアル著作権協会　二〇〇四・八・九)に特集されている。

研究者が論文執筆において、他人の論文を剽窃しても、自ら剽窃だと考えていないという事実がある。ひょっとしたら教材出版社による著作権侵害の、延長線上に存在する問題なのかもしれない。剽窃と盗用にふれておく。

剽窃にかかわる問題について論じた、「国語科教育の二十一世紀を探る」(本書81頁参照)もまた、国語教育の二十一世紀の課題と提言にかかわっている。研究者にとって〈文章を書くということは何か〉ということが最も重要な問題なのだといえる。この問題については、「国語教育研究における盗用の問題」(本書108頁参照）で論じてある。

第三の課題は、男の子の文化と女の子の文化を、どのように考えるのかという問題である。この問題にかかわって、東京都教育委員会は次のような見解を表明した。

多用されてきている〈ジェンダーフリー〉という用語が、男女の性差までも否定する、過激な男女の平等教育の背景だとして、教育現場から排除することを決定した。二〇〇四（平成十六）年八月十二日のことである。学校における「男女混合名簿」の作成も禁止するというのが東京都教育委員会の方針だ。

ジェンダーフリーという考え方で、雛祭りや端午の節句までも否定することはあるまい。男の子の文化と女の子の文化は、厳として存在しているし、必要な文化なのである。

少年少女詩ではなく〈少年詩〉〈少女詩〉が厳として存在していた。今やその存在が疑わしくなっている。この問題については、二上洋一・根本正義共編『少年小説体系　第27巻　少年短編小説・少年詩集』（三一書房　一九九六・九）の解説で論じてある。

また、少年少女小説ではなく〈少年小説〉〈少女小説〉も厳として存在していた。少女小説についてはそれが失われたのではなく、現代の少女小説として変容し、〈ジュニア小説〉として健在である。これらの問題については、拙著『占領下の文壇作家と児童文学』（高文堂出版社　二〇〇五・七）で論じてある。ジュニア小説については、同書所収の「大衆児童文学の戦後史」で論じた。

第四の課題は、マンガを俗悪視しないという考え方を広めること、マンガも文化だという考え方を、国語科教育界に定着させるということだ。

二〇一〇（平成二十二）年三月十九日付『産経新聞』（朝刊）によると、東京都は子どもの過激な性描写を掲載した、マンガやアニメを規制する条例の改正をおこなうという。こうした動きに反対しているマンガ家がいる。その人達は、ちばてつや、永井豪、里中満智子、藤子不二雄A、萩尾望都等だ。日本ペンクラブも反対声明を出した。

マンガがさらに俗悪視されてはならない。国語科教育の重要な一翼を担うのが、マンガであるという認識が必要だ。私は常々そういう主張をしてきた。拙論「現代文化と国語教育」（本書12頁参照）と「マンガと国語教育を架橋するもの」（本書32頁参照）は、まさしくマンガが国語教育の一翼を担っているのだという私の主張である。

以上が本書で主張したい私の考えである。今後、国語教育界がかかえているさまざまな問題が解決し、より良い児童・生徒の生活と教育環境が整っていくことを願っている。本書がその礎になることができれば幸いである。

著者

二〇一〇年仲春

国語教育とマンガ文化　——二十一世紀の課題と提言——　目次

III　読書をめぐる諸問題

装丁　田中悦子

Ⅰ　二十一世紀の国語教育の課題と提言

現代文化と国語教育

——芥川の童話とマンガの価値をめぐって——

これまで私は大衆児童文学とマンガ文化について、いくつかの論文を書いてきた。大衆児童文学については、その戦後の歴史を三一書房の『少年小説体系』の月報連載で体系的にまとめた、「大衆児童文学の戦後史」（二上洋一責任編集『少年小説の世界』沖積舎　平成三年十一月）や、「講談社文化と国語教育」（拙著『国語教育の創造と読書』日本書籍　一九九一年二月）がある。作品論としては、「吉川英治著『神州天馬俠』」「山手樹一郎著『少年の虹』」「棟田博著『ジャングルの鈴』」（拙著『国語教育の創造と読書』前出）および、「山岡荘八―敗戦後執筆の少年小説の世界」「尾崎士郎―少年小説『雲の中から』をめぐって」（拙著『昭和児童文学の研究』高文堂出版社　昭和五九年四月）があり、紀田順一郎氏との共編『少年小説体系　第16巻　佐藤紅緑集』（三一書房　一九九二年十二月）を編集した。国語科教育とのかかわりから論じたものに、「ジュニアSFと国語教育のこと」（拙著『教室の中の古典と近代文学』KTC中央出版　一九九二年十月）があり、マンガについてはいくつか論じたものがあるが、平成三（一九九一）年十月二日付の『産経新聞』（文化面）に書いた「マンガ文化は〈悪〉か―現代社会を再考する」をあげておく。

マンガと大衆児童文学は、悪書として戦後全面否定されたわけだが、その経緯と問題点の解明を、「読書論―Ⅰ戦後否定されたロマンを読書に　Ⅱ悪書追放運動の意味するもの」（拙著『国語教育の理論と課題』高文堂出版社　昭和六二年九月）でおこなった。これらの論文は国語科教育の中で等閑視されてきたところの、大衆児童文学とマンガを弁護したいという思いからの執筆であった。コミック規制をめぐって平成四（一九九二）年五月に結成された、コミック表現の自由を守る会に入会したのは、私なりの意志表示である。

これまでの私の仕事を振り返ってみたわけだが、マンガについては具体的な作品をふまえて論じてこなかった。そこで、具体的な作品をふまえて国語教育とのかかわりについて論ずることにする。九〇年代の今、現代文化イコールマンガという認識が不可欠だといえるからで、現場の先生方にマンガを理解してもらいたいとも考えている。

まず左の「マンガA」（次頁へ続く）をご覧いただきたい。コマを追いながら私なりに読んでみることにする。

マンガA　©浦沢直樹／スタジオ・ナッツ／小学館

©浦沢直樹／スタジオ・ナッツ／小学館　マンガA

〈たっ　たっ〉と人力車の車夫が走る。車輪は〈から　から〉と回り、雨水を跳ねて人力車は走る。幌の中の男は温厚な紳士だ。車夫はさらに〈たっ　たっ〉と雨水を蹴って走る。目的地で梶棒を下して、洋傘を紳士にさしかける。紳士が降りると、車夫は提灯の明りで表札を照らす。紳士は〈印度人　マテイラム＝ミスラ〉という表札を見て、ここ、この家だと確信して洋傘を持ちなおして、提灯の明りに守られながら呼び鈴を押した。表札の下に呼び鈴が描かれているのがにくい。竹藪の揺れる家の中で〈ピンポーン〉と鳴って、ドアが〈ぎ〉と開く。紳士は帽子を脱いで、〈ミスラ君はおいでですか?〉と声をかけた。家の中から出てきたお婆さんは、軽く会釈をして、〈はいはい、さきほどからあなた様のおいでをお待ちでございます。〉と答えてから、〈ささ…　こちらでございます。〉と振り向きながら紳士に声をかけて案内する。このコマでは紳士の影が、お婆さんの顔と共に描かれ、二人の影がドアに落ちている。ドアの向こうにいるであろうミスラ君はどんな人物なのかという期待感を、読者はこのコマで持つことになる。そして、「マンガB」のドアを開ける場面へと続くのであるが、どんな作品なのかの考察を試みよう。

表札に〈マテイラム＝ミスラ〉とあることから、芥川龍之介の童話「魔術」であることがわかる。その通り芥川童話「魔術」のマンガである。浦沢直樹の脚色（作画）で、『ビッグコミックオリジナル　新人コミック大賞増刊号』（小学館　第二〇巻　第八号　一九九三年三月二十八日）に掲載された、「魔術　〈芥川龍之介『魔術』より〉」の冒頭の部分である。この作品は、浦沢直樹著『初期のURASAWA　浦沢直樹短編集』ビッグ　コミックス　ワイド（小学館　二〇〇〇年六月一日）に収録されているので容易に読むことができる。浦沢が学生時代に描いたプロデビュー前の未発表作である。芥川の「魔術」の該当部分は、

或時雨の降る晩のことです。私を乗せた人力車は、何度も大森界隈の険しい坂を上つたり下りたりして、やつと竹藪に囲まれた、小さな西洋館の前に梶棒を下しました。もう鼠色のペンキの剥げかゝつた、狭苦しい玄関には、車夫の出した提灯の明りで見ると、印度人マテイラム・ミスラと日本字で書いた、これだけは新しい、瀬戸物の表札がかゝつてゐます。

（中略）

私は雨に濡れながら、覚束ない車夫の提灯の明りを便りにその表札の下にある呼鈴の釦を押しました。すると間もなく戸が開いて、玄関へ顔を出したのは、ミスラ君の世話をしてゐる、背の低い日本人の御婆さんです。

「ミスラ君は御出でですか。」
「いらつしやいます。先程からあなた様を御待ち兼ねでございました。」
御婆さんは愛想よくかう言ひながら、すぐその玄関のつきあたりにある、ミスラ君の部屋へ私を案内しました。

という文章である。引用は『日本児童文学大系　第12巻』（ほるぷ出版　昭和五二年一一月）。以下の芥川の童話の引用は同書によった。芥川の「魔術」の引用文中、途中を略した部分が浦沢の「マンガB」（次頁）である。

浦沢の「魔術」は、「マンガA」から「マンガB」にすぐに続く。この流れ（物語の展開）はまさしく映画の手法によっている。しかも、絵と擬態語だけで物語を展開させ、それぞれの絵（コマ）から想像させて物語を理解させている。映像や演劇であれば、ナレーションということになるし、文芸作品では描写の途中に説明を挿入することはいくらでもおこなわれている。マンガという表現では物語の流れを中断し、くどい説明となってしまう。浦沢がナレーションとしての手法を、マンガ表現の中に生かしている点はさすがである。紳士が訪ねて来て、お婆さんが応対に出て紳士をミスラ君の所に案内をする。ミスラ君は「やあ。」と挨拶をする。そこでナレーション（「マンガB」）である。

次に「マンガB」と重ねあわせて読んでもらうために、略した芥川の「魔術」を引用しておく。

マテイラム・ミスラ君と云えば、もう皆さんの中にも、御存じの方が少くないかも知れません。ミスラ君は永年印度の独立を計つてゐるカルカツタ生れの愛国者で、同時に又ハツサン・カンという名高い婆羅門の秘法を学んだ、年の若い魔術の大家なのです。私は丁度一月ばかり以前から、或友人の紹介でミスラ君と交際してゐましたが、政治経済の問題などはいろいろ議論したことがあつても、肝腎の魔術を使う時には、まだ一度も居合せたことがありません。そこで今夜は前以て、魔術を使つてみせてくれるやうに、手紙で頼んで置いてから、当時ミスラ君の住んでゐた、寂しい大森の町はづれまで、人力車を急がせて来たのです。

さて、「マンガB」についてだが、お婆さんと紳士がアップで描かれ、〈ぎい！〉と紳士がドアを開けると、ミスラ君がテーブルに座っていて、〈やあ。今晩は雨の降る中よくおいででした。〉と紳士に挨拶をする。ミスラ君の紹介は芥川のものと同じだが、物語の展開が浦沢のオリジナルになっていることに注目してお

マンガB

きたい。「マンガA」の最後のコマが「マンガB」の最初のコマにつながるのだが、雑誌の改頁の効果をここに見ることができる。このような改頁の効果は、絵本の基本的な原理とも共通するし、絵を読むという意味もあり重要である。漫画ABを比較願いたい。

ミスラ君は紳士に挨拶をする。そして地の文でマティラム＝ミスラについての説明が二コマ連続して描かれる。ミスラ君は各コマの中央に描かれ、ランプの芯を撚りながら紳士に〈どうぞおかけください。〉と声をかけるまで、じっと紳士を見つめている。まさに地の文は、文章では描けないナレーションの効果だ。絵と文の一体化した場面の理解に必要なのは、「マンガB」を理解するための想像力だといえる。

マンガと童話の違い（浦沢の脚色のすばらしさはこれまで述べてきたが）を理解するために、芥川の「魔術」のこれまでの部分と、それ以後の部分を次に引用しよう。

御婆さんは愛想よくかう言ひながら、すぐその玄関のつきあたりにある、ミスラ君の部屋へ私を案内しました。(1)

「今晩は、雨の降るのによく御出ででした。」

色のまつ黒な、眼の大きい、柔な口髭のあるミスラ君は、テエブルの上にある石油ランプの心を撚りながら、元気よく私に挨拶しました。(2)

「いや、あなたの魔術さへ拝見出来れば、雨位は何ともありません。」

私は椅子に腰をかけてから、うす暗い石油ランプの光に照された、陰気な部屋の中を見廻しました。

ミスラ君の部屋は質素な西洋間で、まん中にテエブルが一つ、壁側に手ごろな書棚が一つ、それから窓の前に机が一つ—外には唯我々の腰をかける、椅子が並んでゐるだけです。しかもその椅子や机が、みんな古ぼけた物ばかりで、縁へ赤く花模様を織り出した、派手なテエブル掛でさへ、今にもずたずたに裂けるかと思ふほど、糸目が露になってゐました。
私たちは挨拶をすませてから、暫くは外の竹藪に降る雨の音を聞くともなく聞いてゐましたが、やがて又あの召使いの御婆さんが、紅茶の道具を持つてはひつて来ると、(3)（以下略　引用文中の傍線は筆者）

引用文中の傍線部(1)は「マンガA」の一部に対応し、傍線部(2)は「マンガB」の一部に対応する。傍線部(2)のミスラ君の描写を、「マンガB」では浦沢の解釈によるミスラ像として、鮮明に描写されていて物語の展開のうえで、重要な意味を持つ存在となっている。ここで思いだすのは、斉藤隆介の『八郎』（福音館書店　昭和四二年一一月）の八郎像を描いた滝平二郎の仕事のことである。浦沢・滝平の解釈による、個性的な人物像を描きだした点を評価したい。

引用文中の傍線部(3)に対応するのが、次頁の「マンガC」である。ミスラ君の部屋の様子が、四コマ目にきちんと描かれている。浦沢なりの部屋の描写をここでじっくりと読む必要がある。同時に紳士が部屋の様子を見廻している傍らで、ミスラ君が火の点ったランプの火屋を〈こと〉と音をさせて元に戻し、手の指を組んでジロリと紳士を見つめる。見つめられた紳士は、〈ごほ……〉と咳ばらいをしているところに、お婆さんが紅茶を持って入って来た。お婆さんの身体が揺れて、〈かちゃ　かちゃ　かちゃ〉と茶碗が鳴っているという描写は、なんともほほえましい。

最も興味深いのは、〈あなたの魔術を拝見できれば、雨ぐらいなんともありませんよ。〉と言って、〈かた〉と音をさせて椅子に座った紳士が、〈ざああ〉という雨の音に耳を傾けながら、上着を脱ぐ傍らで、無言で

©浦沢直樹／スタジオ・ナッツ／小学館　　マンガC

ランプに火を点すミスラ君の存在である。次の物語の展開への期待が湧く。紳士とミスラ君の目線の描写にも注目しておきたい。「マンガC」を理解するうえでの重要なポイントである。直観的にコマを追うだけでは理解できない。ミスラ君と紳士のそれぞれの思いを、読者それぞれ想像することによって、この場面に読みひたることができるのである。マンガ（絵）か童話（文章）かの違いだけで、読み（理解）のメカニズムは同じなのである。

浦沢直樹の「魔術」と芥川龍之介の「魔術」の比較を試みてきたが、浦沢が芥川の童話をきちんと理解したうえで、浦沢なりの解釈による脚色、そのオリジナリティは驚嘆に値する。まさに浦沢直樹のオリジナルな「魔術」として完成している。浦沢の作品の読後、芥川の作品を読み返して新鮮さを感じたし、再度浦沢の作品を読み返して新たな感動を覚えた。浦沢の「魔術」の新鮮さとは、芥川の「魔術」の魅力やおもしろさを浦沢なりに描き出した点にある。浦沢独自の「魔術」の世界を、創造し判断しながら理解し、読みひたることのできるマンガであるからでもある。その意味で、繰り返しになるがマンガを読むことも童話を読むことも、その本質は同じだといえる。違うのは絵か文章かという点のみなのである。

原作とは違うではないかという意見もあろうが、原作と寸分違わぬ全く同じものとしてマンガ化したのであれば、私はこれほど新鮮な感動は受けなかった、浦沢直樹のマンガ家としての感性の鋭さに感動したのである。原作のコピーでは意味がない。まさしく浦沢の「魔術」はマンガ芸術である。文芸作品の映画化やアニメ化についても同じことがいえる。いかに原作に忠実であっても、主演する俳優のイメージは消すことができないし、脚本家の脚色のありようが作品の出来不出来を左右することは言うまでもない。マンガの蔑視がマンガは文芸作品以下という考えになる。

次の「マンガD」は、芥川龍之介の「杜子春」を松田一輝が作画したマンガ「杜子春」(『文芸まんがシリーズ13　杜子春・羅生門』ぎょうせい　一九九一年一一月)である。結論からいえばこれは原作に忠実な、いわばコピーだといえるだろう。私は松田一輝を批判しているのではない。教育マンガ(学習マンガ)を批判しているのである。私は松田の「赤ハナ刑事」のファンである。このマンガは『週刊漫画TIMES』(芳文社)に連載された。同誌の平成十年九月十八日発行(第四三巻第四四号　通巻二二七二号)は、連載第一四七回を重ねている。松田は個性的な登場人物を描いている。芳文社はかつて『野球少年』を発行していた出版社である。次に「赤ハナ刑事」の扉を紹介しておく(次頁マンガDの左)。

マンガD

さて、「杜子春」についてだが、マンガに描かれた場面と同じ芥川の「杜子春」を次に引用するので、マンガDと童話をそれぞれに比較してみてほしい。

或春の日暮です。

唐の都洛陽の西の門の下に、ぼんやり空を仰いでゐる、一人の若者がありました。

若者は名は杜子春とゐつて、元は金持の息子でしたが、今は財産を費ひ尽して、その日の暮しにも困る位、憐れな身分になつてゐるのです。

何しろその頃洛陽といへば、天下に並ぶもののない、繁昌を極めた都ですから、往来にはまだしつきりなく、人や車が通つてゐました。門一ぱいに当つてゐる、油のやうな夕日の光の中に、老人のかぶつた紗の帽子や、土耳古の女の金の耳環や、白馬に飾つた色糸の手綱が、絶えず流れて行く容子は、まるで画のやうな美しさです。

芥川の「杜子春」とマンガ「杜子春」を比較しておわかりのように、「マンガD」で絵を読むことができるのは、二コマ目と五コマ目の二箇所のみで、あとは地の文と吹き出しに書かれた心内表現を読むことで、物語の展開が理解できてしまうのである。マンガというメディアによる、オリジナルな作品とは言い難い。マンガ「杜子春」は芥川の童話「杜子春」そのものを理解するために、マンガというスタイルで再構成したもので、いわゆる学習マンガだといっていい。マンガ「杜子春」の読後、童話「杜子春」をきちんと読む読者は稀だろう。なぜなら、冒頭部分でマンガも童話も全く同じであることに気づくからだ。杜子春像も平板で、マンガ家のオリジナリティが無い。

私はマンガに感動して原作を読んだことが、たびたびある。そのひとつの例が、双葉社文庫の中の一冊である戸部良也著『遙かなる甲子園』(双葉社　一九八七)である。山本おさむが『週刊漫画アクション』(双葉社)に連載した「遙かなる甲子園」に感動して原作を読んだのである。山本おさむ作『遙かなる甲子園』(全十巻)は、双葉社のアクションコミックとして出版され、第一巻の初版は一九八八年十月であるが一九九四年九月に十刷が発行された。

『遙かなる甲子園』は沖縄で流行した風疹が原因で、聾唖者になってしまった少年たちが野球にめざめ、県立北城ろう学校（マンガでは福里ろう学校）の仲間と甲子園をめざす少年少女たちの、障害を越えて目標に挑戦した闘いの記録である。戸部良也は『〔続〕遙かなる甲子園―社会へ羽ばたいたその後の球児たち』（双葉社文庫　一九九〇年五月）を書いた。また、平成二年六月には大映と双葉社の制作によって映画化もされた。山本おさむは埼玉聴覚障害者福祉会の協力を得て、『ビッグコミック』（小学館）に「どんぐりの家」を連載中で、これらの仕事が高く評価され、平成七年十一月に本年度の博報賞（博報児童教育振興会）を受賞した。

マンガを見直さなければならないのは、マンガというメディアによる文芸評論が書かれる時代でもあるからである。関川夏央・谷口ジロー著『『坊っちゃん』の時代』（双葉社　一九八七年七月）、『第二部　秋の舞姫』（同　一九八九年一〇月）、『第三部　啄木日録　かの蒼空に』（同　一九九二年一月）、『第四部　明治流星雨』（同　一九九五年五月）がそれである。第五部は『不機嫌亭漱石』と題され、一九九七年八月に刊行されて完結し、手塚治虫文化賞を受賞した。関川夏央は『『坊っちゃん』の時代　第四部』巻末の、「「明治流星雨」について」で、マンガについて次のように述べている。

当初から私は、いまや世界的に注目される表現分野となった物語マンガに、脚本家は不要なのではないかという疑いを捨てきれずにいた。手を染めたあとでも他のマンガ作家との仕事を大いにためらったのはそのせいである。才能ある作家がひとりで自在に展開する想像力、それを裏づける視覚表現の技術と日本語表現の力を総合したものが物語マンガだという心証は、現場で働くうちさらに強まった。それでも私が谷口ジローとの仕事に執着したのは、谷口ジローというたぐいまれな才能のかたわらにいられる幸運をやすやすと逃がしたくなかったからである。また物語マンガにも、脚本家の容喙を許すいくつかの隙間があると思い至ったからである。

関川の述べている〈才能ある作家がひとりで自在に展開する想像力、それを裏づける視覚的表現の技術と日本語表現の力を総合した〉物語マンガを創作した優れたマンガ家は、数多く過去にも登場したし現在も数多くのマンガ家が輩出している。手塚治虫、竹内つなよし、馬場のぼる、白土三平、水島新司、石ノ森正太郎、松本零士、水木しげる、青柳裕介、かわぐちかいじ、弘兼憲史、さいとうたかをを等々、無数にあげることができる。一方、〈脚本家の容喙を許すいくつかの隙間〉を埋めて、優れた作品を創作するマンガ家も数多く輩出している。浦沢もその一人だが、かわぐちかいじはその両面から評価できるマンガ家の一人である。

かわぐちかいじは『アクター』（講談社　昭和六〇年二月）でデビュー以来、『第二演出部　ザ・ガマディレクター』講談社（全二巻）、『メドゥーサ』講談社（全一二巻）を書き、昭和六十三年以来雑誌『モーニング』（講談社）に「沈黙の艦隊」を連載している。平成七年九月七日発行の『モーニング』（第一四巻　第四六号　通巻七四一号）で連載第三二九回をむかえた。話題作を次々に発表した社会派のマンガ家かわぐちかいじは、宮﨑信二原作の「YELLOW」（『ビッグコミック』小学館　一九九五）の作画にとりくんだ。かわぐちの「YELLOW」はかわぐちなりの解釈でマンガ化され、私なりの評価でいえば、オリジナルな作品として創作されていて、読者の想像力をかきたてる優れた作品となっている。

同じ『ビッグコミック』に連載された森秀樹「墨攻」（一九九五）は、酒見賢一著『墨攻』（新潮社　平成三年三月）の脚色で、高く評価できる仕事だ。中国からの留学生は森の作品に読みひたっていた。

原作に忠実なマンガや脚本に忠実なマンガでは、単なるリライトにしかすぎない。すでに述べたように、それは原作のコピーにしかすぎない。よく行間を読むということがいわれるが、マンガはコマとコマの間を読むことが必要で、それは行間を読むことと同じなのである。想像力なくして理解することができないのはいうまでもない。その意味でマンガによって、想像力は培えるといえる。読者はコマとコマの間を読むわけで、マンガ家はコマとコマの間を読ませて、感動させ読みひたらせる世界を創造しているのである。文芸作品のマンガ化の場合、原作にどれだけ忠実であるのかというよりも、マンガ家のオリジナリティがどれだけあるか否かに評価の基準をおきたいと私は考えている。大和和紀の『あさきゆめみし』（講談社一九八〇・一一）は谷崎源氏や与謝野源氏があるように、大和和紀源氏であると考える視点が国語教育には必要だ。マンガは古典を含めた文芸作品の従属物ではない。教師がそういう呪縛から解放されてこそ、二十一世紀の新しい国語教育が始まるのである。マンガも文化なのである。

コマとコマの間を読むという問題について、もうすこし考察を試みることにする。次頁の「マンガE」は『ビッグコミックスピリッツ』（小学館）に連載された、坂田信弘作・中原裕画「奈緒子　第41話　絶叫」（第16巻　第27号　通巻六三二号　一九九五・六・二六）の結末である。

第41話は〈全国中学駅伝長崎県代表選考会、最終七区。先頭は長崎西中のエース藤本君！（中略）そしてアンカー、壱岐君が、三分差のあった、先頭藤本君のすぐ後ろに迫って来ました！〉という実況中継で始まる。そして、藤本と波切島北中の壱岐雄介とのデット・ヒートが繰りひろげられる。その間の藤本の不安が、三頁十三コマにわたって描写される。壱岐は藤本に追いつけたが藤本にスパートされたら追えない、〈こっからどうしていいのか分かんねえ。負けたらごめんだ、先輩達……〉と心の中で叫びながら走る。

波切島北中の監督は控室で顔をくもらせて、〈雄介……〉と叫びながらテレビに観入っている。藤本がスパートをかける。差が二メートルと開く。一方、陸上競技場では優勝できないとあきらめた、波切島北中の生徒たちが監督を探していた。そんな生徒たちを波切島高校陸上部の監督西浦は、〈この大馬鹿野郎！　壱岐はトップで帰って来るんだっ！〉とどなりつける。生徒たちが去ると、西浦と品川医師はベンチに腰かけて空を見上げながら、おだやかな顔で壱岐がトップで来るであろう一パーセントの運命に賭けようと話しあう。壱岐は走る、走る。その次のコマが左の「マンガE」である。

壱岐雄介の応援に競技場から沿道に出た奈緒子は、雄介の走りを心配する。雄介は苦戦しているが奈緒子にはその様子がわからない。奈緒子は祈るような思いで沿道に立ちつくしている。藤本がスパートをか

マンガE　©中原裕／坂田信弘／小学館

©中原裕／坂田信弘／小学館

マンガF

けたため、差が五メートルと開いた。そのテレビの画面を、波切島北中の監督、雄介の兄、看護婦の母はそれぞれの場で、心配そうにそして祈るように見入った。〈雄介君、雄介君、雄介君……〉と祈るようなまなざしの奈緒子の心配をよそに、雄介は息も荒く〈足が動かないよ。ガムテープのくっついた道路みたいだ。靴の裏が道路から離れない……〉と思いながら力走する。「マンガE」にこの四つのコマの間に描かれた、奈緒子と雄介の思いを読者はそれぞれに読みとるはずである。物語の展開のなかで、雄介はトップでゴールに入りたいという思いで走っている。そのことをふまえると、この四コマの意味が理解できるであろう。

両手を組み合わせて祈るような思いで雄介を待つ奈緒子は、雄介の走って来る方向をじっと見つめた。そこを伴走のバスが走り抜ける。右の「マンガF」である。奈緒子のすぐ前を西町中の藤本が走り抜けるが、奈緒子はじっと雄介の走ってくる方向を見つめている。ゼッケン47番が見えた。藤本の力走と奈緒子の不安、そんな状況の中で雄介の姿に、奈緒子は思わず両目をしっかりと見据えて、〈雄介君！〉と叫ぶ。省略したが、次のコマは頁三分の二に雄介の闘志に満ちた全身が描写される。雄介が奈緒子の眼前に来る。奈緒子は雄介を見つめ、小声で〈雄介……〉と呼びかけるが、すぐに大きな声で、〈雄介—っ！〉と絶叫する。その奈緒子の絶叫の描写が、左の「マンガG」である。この描写は一頁全面に描かれている。〈雄介君、雄介君、雄介君……〉という心配が、雄介を見つけることで〈雄介君！〉という驚きに変わる。雄介を見つめる奈緒子の思いは、〈雄介君！〉という発見と驚きが、一瞬をおかずに絶叫となったのである。

奈緒子の雄介に対する思いの変化と、雄介に対する応援の気持ちが、この一頁分に描かれていると私は読んだ。「マンガG」一頁分に意味がある。

マンガG ©中原裕／坂田信弘／小学館

©中原裕／坂田信弘／小学館

マンガH

この一頁を捲ると、鰯雲を見上げる競技場内の二人が描かれた「マンガH」となる。実は奈緒子の思いも、雄介の死闘もすべて理解したうえで、鰯雲を見上げている二人なのである。読者は、奈緒子の思いや雄介の死闘がわかっているのだろうかと、そんなもどかしさを感じながら次週に期待をつなぐのである。

「奈緒子」の場合一話二十頁の連載だが、『ビッグコミックスピリッツ』の場合、十八頁の割当もある。ちなみに「沈黙の艦隊」は二十頁の連載である。無駄なコマ、意味のない説明のコマで割当頁を埋めていたのでは、即連載打ち切りになるだろう。「奈緒子　第41話」は、二十頁のなかに病院・雄介の自宅・競技場・その控室・沿道と五つの場が設定され、迫真のドラマが展開されて全く無駄なコマがない。

「奈緒子」の第41話以降第46話まで、まさに新聞の連載小説を読むような思いで毎週はらはらどきどきの連続であった。作・画共に物語の構成が確かだからであろう。第43話はゴールまで三百メートルで始まり、第46話の雄介の一位でのゴールまで四週八十頁続くのである。文章で三百メートルの距離を、これだけの緊張感をもって描けるのだろうかという思いで読んだ。

マンガというメディアは映画・演劇・文芸等と同じ文化の一領域なのである。想像力無くしてマンガを読むことはできない。学習マンガを基準にしているから、マンガを読書への橋渡しにという発想が生まれる。浦沢直樹の「魔術」等にみられるように、マンガをマンガとして読む指導こそ、二十一世紀を迎える国語科教育に必要なことだ。学習マンガは知識と科学の分野に限定すべきではないのか。マンガ文化を独立したものとして考えることによって、想像力をふまえた理解力の育成がマンガで可能だということが見えてくるのである。

（田近洵一編『国語教育の再生と創造』教育出版　一九九六年　二月二十三日　一部加筆）

マンガと国語教育を架橋するもの
――絵画表現を読む読書から総合学習へ――

マンガで明治文学を学ぶということでいえば、関川夏央と谷口ジローの『『坊っちゃん』の時代』全五部が手塚治虫文化賞を受賞しているので周知のことと思う。アクションコミックとして双葉社から発行された『週刊漫画アクション』連載作品の出版である。

第一部『『坊っちゃん』の時代　凛冽たり近代　なお生彩あり明治人』（一九八七・七）、『『坊っちゃん』の時代』第二部『秋の舞姫』（一九八九・一〇）、第三部『啄木日録　かの蒼空に』（一九九二・一二）、第四部『明治流星雨』（一九九五・五）、第五部『不機嫌亭漱石』（一九九七・八）がそれである。

週刊雑誌の連載ということでいえば、『ヤングサンデー』（小学館）に〈革新的シリーズ連載　私説昭和文学―恋と革命に生きた作家たち〉を村上もとかが連載した。第三章は「梶井基次郎（前編）」（通巻第四七五号　第九巻第一七号　一九九五・六・二三）、「梶井基次郎（後編）」（通巻第四七六号　第九巻第一八号　一九九五・七・一四）、である。

まさしくこれはマンガと国語教育を架橋する作品である。このような作品が存在するわけだ。ここから、国語の授業にかかわって絵画表現を読むという読書が考えられる。マンガは絵画表現である。小説は言語表現である。絵画表現と言語表現の違いとマンガ家の小説の解釈についての学習も考えられる。

ビッグコミックスペリオール　池上遼一著『近代日本文学名作選』（小学館　一九九七・一二）はその好

著である。この名作選には、芥川龍之介「地獄変」（初出『ビッグコミック』一九九五年七月一〇日号）、江戸川乱歩「お勢登場」（同　一九九六年五月一〇日号）、菊池寛「藤十郎の恋」（同　一九九六年九月一〇日号）、山本周五郎「松風の門」（同　一九九六年一一月一〇日号）、泉鏡花「天守物語」（同　一九九七年四月二五日号）の五編の小説をマンガにした作品が収められている。

山本周五郎「松風の門」についての、池上遼一の解釈について考えてみたい。池上は山本の「松風の門」の第二章から描きだしている。第一章は作品の中に組みこまれている。次に山本の小説を引用する。

〔前略〕午後は賜宴であったが、宗利は長く席にいないで去り、朽木大学と二人だけで庭へ出ていった。

朽木大学は宗利の傅《ふ》で、もう五十九歳になり、宗利が去年家督すると共に参政となった。非常に口

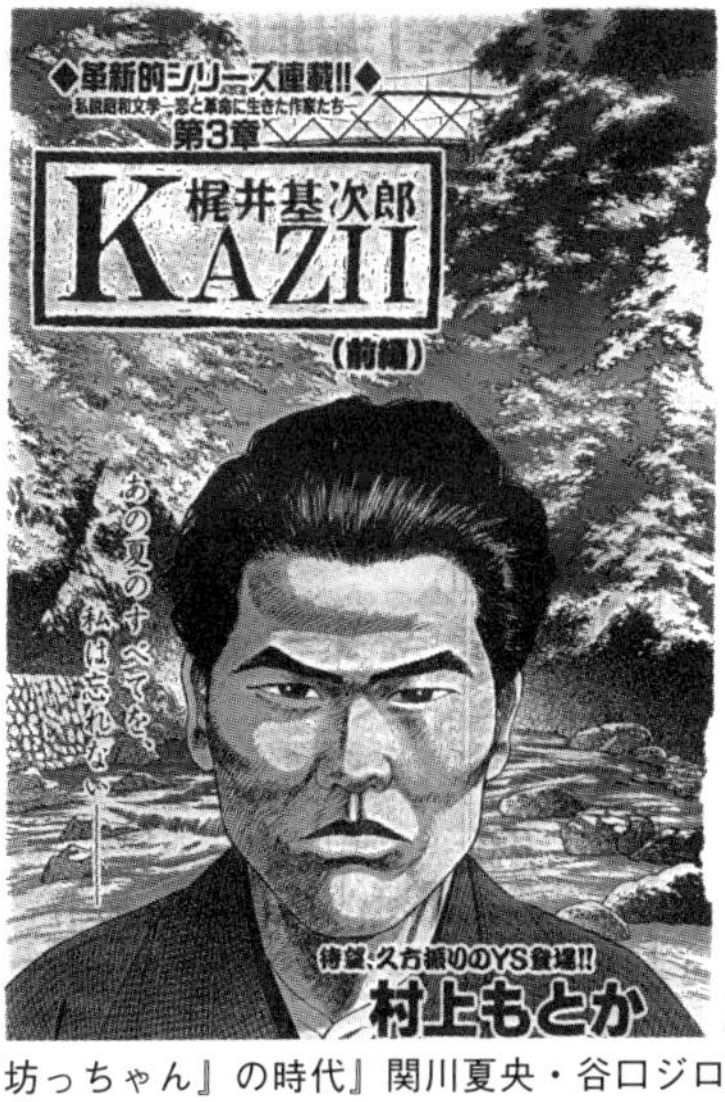

『『坊っちゃん』の時代』関川夏央・谷口ジロー（双葉社）の雑誌連載場面（上）、『梶井基次郎』村上もとか（小学館）の雑誌連載場面（下）

数の寡《すくな》い小柄な老人で、宗利とは影の形に添う如く、いつも側去らず侍しているのだが、平常はほとんどいるかいないか分らぬという風の人柄であった。しかし傅としての彼がどんなに厳格であるか、事に対していかに身命を賭して掛るかということを宗利はよく知っていた。

二の曲輪《くるわ》まで来たとき、ふと宗利は見覚えのある草原の前で立止った。

「此処はあの時分よく跳ねまわって遊んだ処だな」

「お上がお眼を傷つけなされた場所でございます」

「そうだった」

今は視力を失った右の眼を押えながら、ふと宗利は遠い空をふり仰いだ。——誰も知らないことだ。

彼が十歳の秋であった。

（山本周五郎著　新潮文庫『松風の門』新潮社　昭四八・八　所収の「松風の門」による）

図2—①と図2—②は池上遼一の描いた同じ場面である。宗利が見えぬ片眼を押えて、回想にはいる部分の四コマめが小さく描かれている。場面転換の工夫がここにある。

池上は回想の場面、つまり十歳の時に池藤小次郎（家を継いで八郎兵衛）に右眼を失明させられたが、二人の秘密にしたことを重要視している。それは後に八郎兵衛が百姓一揆を無事に納め、切腹したことについての宗利の思いの伏線になっている。

朽木大学について、山本周五郎は、

非常に口数の寡《すくな》い小柄な老人で、宗利とは影の形に添う如く、いつも側去らず侍しているのだが、平常はほとんどいるかいないか分らぬという風の人柄であった。（前出）

図２—①　　©池上遼一／山本周五郎／小学館

図２—②　　©池上遼一／山本周五郎／小学館

と描いている。図2の一・四・五コマ目は朽木大学の位置を描いている。〈影の形に添う如く〉の池上遼一の解釈であり、図3は朽木大学という人物の池上遼一の解釈である。そして、〈傅としての彼がどんなに厳格であったか、事に対していかに身命を賭して掛るかという〉朽木大学の生き方を図4のように顔で表現しているのは見事である。

さて、結末の描写だが、山本周五郎は次のように結んでいる。

> 二人は馬を繋《つな》いで歩きだした。松風が蕭々《しょうしょう》と鳴っていた、前も後も、右も左も、耳の届くかぎり松風の音だった、宗利は黙って歩いていった、石段を登って、高い山門をくぐると、寺の境内も松林であった。そして其処もまた潮騒のような松風の音で溢れていた。
>
> ——八郎兵衛、会いに来たぞ。宗利はその松風の音へ呼びかけるように、口のなかで呟いた。そのとき、初めて堰を切ったように泪がこみあげてきた。二人は松風の中を歩いて行った。だから、山門

図3　©池上遼一／山本周五郎／小学館

図4　©池上遼一／山本周五郎／小学館

図5　山本周五郎の『松風の門』を池上遼一が『近代日本文学名作選』で描いた第47・48・49・50頁　©池上遼一／山本周五郎／小学館

の脇のところに、切下げ髪にした武家風の若い女が一人、地に膝をついたまま、涙で腫れた眼をあげて、じっとかれらを見送っていたことには気がつかなかった。（前出）

この場面を描いた池上遼一の「松風の門」が前頁の図5である。ここは絵を読む必要がある。池上遼一の「松風の門」の結末はまさしく絵画芸術である。マンガも芸術の領域であることを、高校生にぜひ教えたいものである。

絵画表現としてのマンガの読書から総合学習へとしての好著としては、山本おさむ著『どんぐりの家』（小学館　一九九三・九）がある。この作品の「第2回　石ころ」で考えてみよう。

圭子という少女が他の子と違うことに気づいた両親は、二歳三か月になったある日の大学病院での検査の結果、聾唖者であると診断された。知的障害もあるという。にわかに信じられなかった両親は、色々の病院で検査を受けたが結果は同じであった。四歳になった圭子は聾学校の幼稚部へ通うようになった。聴覚障害の他に知的障害、情緒障害などをあわせ持つ、重複障害児のクラスであった。そこで自閉傾向の強い清君と出会う。疲れはてた清の家族は、清君を施設に入れる決心をし、そのことを圭子の母に話す。

「疲れたのよ……もう……私疲れちゃったのよ……光子も……お父さんも私も……もう限界なのよ……」

「言えない……私……何も言えない。」ギイ「私も……そうだったもの。私も……圭子の事をそんなふうに思ったもの……でも……手放さないで良かったと思う……圭子がそばに居てくれて、良かったと思う……」ギイ……「田崎さん……あなたとてもいい人……私たち……もっと話し合えば良かったね……」

以上の会話の最後の部分のマンガが左の図6である。会話と絵の一体化が心に響く。

圭子の母と清の母の苦渋に満ちた会話を目にし、清が何かを感じとっている様子が、二コマめと五コマめに描かれる。五コマめで清は母の顔を見つめる。まさにマンガは読むものだということが理解いただけるだろう。

『どんぐりの家』（前出）は中学生・高校生にとっての読書指導に最適のマンガである。読書指導を活字（言語表現）に限定することなく、マンガ（絵画表現）でも充分に可能であることを証明してくれる。

さらにいえば、『どんぐりの家』（前出）という作品一冊のみで、新学習指導要領の完全実施によって始

図6　山本おさむ著『どんぐりの家』「第2回石ころ」第59頁　©山本おさむ／小学館

まっている総合学習も可能である。現代社会の課題である福祉・健康について、障害者福祉、成長と発達、心の健康、身体と健康、そしてさらに家族の問題、生命、人間、共生の問題についてまで、横断的・総合的な学習が可能な作品である。まずはご一読願う以外にはなかろう。

なお、漫画で障害者を描いている山本おさむのエッセイに、『「どんぐりの家」のデッサン』(岩波書店一九九八・五)のあることを付記しておく。

(『月刊国語教育』二〇〇〇年五月　別冊『新しい表現指導のストラテジー』東京法令出版株式会社　二〇〇〇年五月一日　一部加筆)

読書に親しむ態度を育てる教師

読書に親しむ態度を育てる学校図書館であるためには、そこにかかわる教師の考え方が大変重要である。つまり、読書を教師がどのように定義するかによって、親しむ態度のありようも変わってくる。

私は「文学と教育の会会報」第三十八号（平一二・三・三〇）の「風見鶏　Ⅰ」に次のような文章を書いた。読書にかかわる文章だし、「文学と教育の会会報」は会員のみの配布で、一般の目にふれにくいのでここに引用することにする。

＊＊＊

拙著『国語教育と戦後民主主義のひずみ』（高文堂出版社　平一一・一一）についての感想を村田一朗君が寄せてくれた。その手紙の中に次のような文章があった。私も賛成なので紹介しておくことにする。

読書指導のところの活字離れだけど、大衆児童文学も読んでないね、今の子は。でも活字は読んでるよ。さて、どこででしょう。もちろん、テレビゲームの中でです。言語は生き物なのですから、そういうところで、読んで学んでもいいと自分は考えます。そりゃ、西郷竹彦さんの言うように芸術とは程遠いけど、活字だし、言葉だし、子供が熱心に読んでいるから、それでいいと思います。というより、それが子供たちの世界であり、言葉だから、それを知らなくちゃ、今は子供の世界には入れません。実際勉強の話をしても、ぜんぜん心を開かない子でも、ゲームの話をする人には、すぐに心を開きます。大衆児童文学だけでなく、漫画やゲームの中の言語も認める必要があると思います。「本を読め」だけでなく、「漫画を読む」ことを認めないとね。そんな中で言語獲得をしてもいいと思います。ただし、文法も、何も、ないから、いずれ日本語という言葉自体が変容すると思うけど。「言語は生き物」だから。

話は戻るけど、漫画もゲームにしたやつとかが、かなり出ているから、もう漫画自体が変質しているからね。ゲームをやっていない人にはわからないだろうけど。ということで、読書指導も無理せず、子供たちの生きる言語世界を大切にしてあげたいと思います。先生が大衆児童文学を認めてあげているのと同様にね。だから、無理な読書指導は否定。

村田君は東京のA市K小学校の教諭である。こういう小学校の教師がいるかぎり、日本の教育は大丈夫だ。

私はマンガは読むものだという主張をしている。ゲームも読書の範疇に入れるべきだろうと私も思うが、私はゲームをやらない。ゲームのどのような要素が、読むということになるのか、具体的な説明が欲しい。言語の獲得はゲームやマンガで確かにできる。その意味でマンガとゲームの中の言語も私は認める。論理的な説明が欲しいのは、ゲームも読むという行為そのものであり、読書という行為そのものだということについてだ。

ゲームも読書ということを、私が論証する必要があるのだろう。しかし、ゲームをやってみないことにはどうしようもない。

よくいわれることだが、「月に一冊も本を読まない」「ゲームばかりに夢中になっている」といった現実について、読書離れだという。果たして読書離れなのだろうか。

〈マンガ〉を読むことは読書ではないという認識があるから、あるいはマンガは本ではないという認識があるから、月に一冊も本を読まないということになるのだ。マンガも本であるという認識にたてば、マンガも読書という認識にたてる。文部省は来年度の「読書活動推進事業」を行ってもらいたいものである。さらにゲームも読書という認識が必要だ。事業への注文を書く。

文部省は地域で読書推進活動を行っているグループのネットワークを作り、情報交換や合同研修を行うという。そのネットワークと合同研修で、マンガも読書でありゲームも読書という問題を考えてみてはどうか。

学校レベルでは、全国の国公私立の小中学校の全学級に、読書に関する教師用指導資料を配布するという。そこにはマンガは含まれないのだろう。マンガは読むものという私の主張は、田近洵一編『国語教育の再生と創造』（教育出版　一九九六・二）所収の拙稿「現代文化と国語教育――芥川の童話とマンガの価値をめぐって」で論じてある。ぜひ御一読を。（本書12頁参照）

＊＊＊

右の文章が文学と教育の会が発行している会報の、コラム「風見鶏」に書いた文章の全文である。教師がマンガも読書でありゲームも読書であるという認識を持つことが、読書に親しむ態度を育てることになるのだと私は考えている。

拙稿「現代文化と国語教育」（前出）で論じたのは、芥川龍之介と浦沢直樹の「魔術」についてである。浦沢直樹の「魔術」は芥川の「魔術」の浦沢の脚色によるマンガである。雑誌に発表されたままで入手が困難であったが、ビックコミックスワイド『初期のURASAWA　浦沢直樹短編集』（小学館　二〇〇〇・六）

に収録されているので、ぜひ浦沢の「魔術」もお読み下さい。そして、マンガも読書ということを考えてみてもらえればと考えている。

マンガも読書ということでいえば拙稿「マンガと国語教育を架橋するもの——絵画表現を読む読書から総合学習へ」(月刊国語教育二〇〇〇年五月号別冊　町田守弘編集『新しい表現指導のストラテジー』東京法令　平一二・五)でも論じてあるので、拙稿もご一読願いたい(本書32頁参照)。

読書に親しむ態度を育てるためには、マンガも含めた図書の紹介がなによりも必要となる。そのためには毎月学校図書館からの「読書だより」の発行が必要であると、提言しているのは米谷茂則である。米谷は「読書だより」は新刊の案内が中心であっていいし、その案内は書籍の帯や広告、出版目録を利用することをすすめている。なによりも読書だよりは、児童の読書を誘発すると米谷は主張している。いずれこのような米谷茂則の主張は刊行される予定になっている。

学校図書館が発行する「読書だより」にかかわって、児童・生徒から学ぶということも重要である。

私は実践女子大学で児童文学を講義している。そのなかで、二〇〇〇年の今を生きている子どもたちのための探偵小説が、江戸川乱歩とシャーロック・ホームズそして怪盗ルパンという、いまや古典となっている作品ではさびしすぎると話したことがある。

講義が終わると同時に私のところに来たのが、古山恵美さんだった。彼女は、先生はそうおっしゃるけれども、そんなことはない。先生は〈はやみねかおる〉という作家を知っているかと問われたが、私は知らなかった。

さっそく本屋に行ってみると、はやみねかおるの作品が平積みされていた。子どもたちには読まれているのである。親や教師が読ませたい本と、子どもたちの読みたい本の違い、それがはやみねかおるの作品なのかもしれない。子どもから学ぶことの大切さを古山恵美さんから教えられた。はやみねかおるの作品は、二〇〇〇年の今を生きる子どもたちのための、探偵小説と時代小説である。

はやみねかおるの作品は講談社の青い鳥文庫に収録されており、〈いま、評判の青い鳥ミステリー〉というキャッチフレーズで、松原秀行の『パスワードは、ひ・み・つ』他七編、あさのあつこ『ねらわれた街』、ドイルの『名探偵ホームズ　赤毛組合』他六編、ニューマンの『ホームズ少年探偵団（1）〜（4）』、ルブランの『ルパン対ホームズ』他七編が収録されている。

学校図書館で読書に親しむ態度を育てるために、これらのミステリーに眼を向けるべきであろう。ドイルとルブランの作品はいまや古典だが、松原秀行とはやみねかおるの作品は、学校図書館の蔵書としておく必要がある。

学校図書館の蔵書に文庫はどうも適さないのでは、と考える先生方も一部にはおられるようだが、青い鳥文庫、火の鳥文庫、偕成社文庫、ポプラ社文庫は廉価だし、予算の少ない公立小学校の蔵書としては最適だといえる。判型がB６判の変型であることも、A５判のハードカバーの本とは違って、手軽に手に取ることができるし、読書に親しむ態度を育てるためにも最適である。岩波少年文庫と同じ判型なのである。

岩波少年文庫は学校図書館の蔵書になるが、青い鳥文庫等は学校図書館の蔵書には不適当と考えるのは、図式的に言えば教養書が優位にあると考えているからだ。その偏見を打ち破らないかぎり、学校図書館で読書に親しむ態度を育てることはできない。

はやみねかおるの作品は、現在次の九冊が青い鳥文庫に収録されている。

『バイバイスクール』
『そして五人がいなくなる』
『亡霊は夜歩く』
『消える総生島』
『魔女の隠れ里』
『踊る夜光怪人』
『機巧館のかぞえ唄』
「ギャマン壺の謎』
『徳利長屋の怪』

はやみねかおるの作品は〈名探偵夢水清志郎事件ノート〉というシリーズである。はやみねの創造した名探偵のキャラクター〈夢水清志郎〉は、久米元一の〈朝日奈竜之介〉、江戸川乱歩の〈明智小五郎〉、高木彬光の〈神津恭介〉、横溝正史の〈金田一耕助〉と共に、少年少女たちに愛され続けるであろう期待は大きい。

はやみねは『魔女の隠れ里』（一九九六・一〇）の冒頭に、次のように記している。

　あなたは、名探偵を何人知ってますか？
　ひとり？　ふたり？
　五十人以上知ってるのなら、かなりの推理小説マニアです。
　さて、あなたが名探偵の名前を何人知っていたにしても、そのなかに『夢水清志郎』の名前がはいっていますか?

もし、はいっていないようなら、おぼえてください。

名探偵夢水清志郎の名前を。

明智小五郎や金田一耕助にも負けない、名探偵夢水清志郎の存在についてのはやみねの自負をここにみることができるのである。

第四十五回学校読書調査の報告『読書世論調査二〇〇〇年版』(毎日新聞東京本社広告局 二〇〇〇・四)の、一九九九年五月の一カ月間に読んだ本の、ベスト5は次頁の表の通りである。

シャーロック・ホームズシリーズと江戸川乱歩シリーズがベスト5に入っているのは例年通りだが、二〇〇〇年の今を生きている子どもたちのために作品を書いている、はやみねかおるの作品こそ読まれるべきであろう。読書に親しむ態度を教師が育てていないのではないだろうか。

はやみねの『魔女の隠れ里―名探偵夢水清志郎事件ノート―』は、一九九六(平成八)年十月に初版が発行され、その三年後には第十一刷が発行されている。学校読書調査には表れてはこない、隠れたベストセラーだといえる。

『ギヤマンの壺の謎―名探偵夢水清志郎事件ノート外伝 大江戸編上巻』(一九九九・七)と『徳利長屋の怪―名探偵夢水清志郎事件ノート外伝 大江戸編下巻』(一九九九・一一)は時代小説である。二〇〇〇年の今を生きる子どもたちのための、時代小説が創作されたことを高く評価したい。『ギヤマンの壺の謎』は初版から二カ月後の九月には第二刷を発行している。

また、平成十二年七月三日の土曜日から、NHK教育テレビで「名探偵夢水清志郎シリーズ」が、ドラ

● 男子

	書名	実数
小学4年生	①それいけズッコケ三人組（那須正幹） ①はだしのゲン（中沢啓治） ③カブトムシ ④シャーロック・ホームズシリーズ（C.ドイル） ⑤日本の歴史	19 19 18 15 14
小学5年生	①シャーロック・ホームズシリーズ（C.ドイル） ②はだしのゲン（中沢啓治） ③ベーブ・ルース ④学校の怪談（常光徹） ⑤それいけズッコケ三人組（那須正幹）	51 48 25 24 17
小学6年生	①日本の歴史 ②江戸川乱歩シリーズ（M.ルブラン） ②織田信長 ④五体不満足（乙武洋匡） ⑤豊臣秀吉	123 26 26 24 23
中学1年生	①五体不満足（乙武洋匡） ②シャーロック・ホームズシリーズ（C.ドイル） ③江戸川乱歩シリーズ（M.ルブラン） ③金田一少年の事件簿（天樹征丸） ⑤小説ドラゴンクエスト（高屋敷英夫） ⑤はだしのゲン（中沢啓治） ⑤ロードス島戦記（水野良）	32 17 14 14 10 10 10
中学2年生	①シャーロック・ホームズシリーズ（C.ドイル） ②五体不満足（乙武洋匡） ③リング（鈴木光司） ④小説ドラゴンクエスト（高屋敷英夫） ⑤ロードス島戦記（水野良）	20 16 13 8 7
中学3年生	①五体不満足（乙武洋匡） ②本当は恐ろしいグリム童話（桐生操） ③シャーロック・ホームズシリーズ（C.ドイル） ④懸賞日記（なすび） ⑤リング（鈴木光司）	24 12 10 7 7

● 女子

	書名	実数
小学4年生	①ヘレン・ケラー ②ナイチンゲール ③キュリー夫人 ④ぞくぞく村のミイラのラムさん（末吉暁子） ④ファーブル ④ベートーベン ④ローラ・インガルス	33 27 15 13 13 13 13
小学5年生	①はだしのゲン（中沢啓治） ②ナイチンゲール ③ヘレン・ケラー ④シャーロック・ホームズシリーズ（C.ドイル） ⑤赤毛のアンシリーズ（L.M.モンゴメリー）	30 29 24 23 22
小学6年生	①日本の歴史 ②五体不満足（乙武洋匡） ③卑弥呼 ③紫式部 ⑤ヘレン・ケラー	73 28 20 20 19
中学1年生	①五体不満足（乙武洋匡） ②シャーロック・ホームズシリーズ（C.ドイル） ③グリム童話 ③ハッピーバースデー ⑤赤毛のアンシリーズ（L.M.モンゴメリー） ⑤本当は恐ろしいグリム童話（桐生操）	41 30 12 12 11 11
中学2年生	①五体不満足（乙武洋匡） ②本当は恐ろしいグリム童話（桐生操） ③ハッピーバースデー ④グリム童話 ⑤シャーロック・ホームズシリーズ（C.ドイル）	36 23 18 10 8
中学3年生	①五体不満足（乙武洋匡） ②江戸川乱歩シリーズ（M.ルブラン） ③あなたの夢かなえます！（小林深雪） ④グリム童話 ④本当は恐ろしいグリム童話（桐生操）	34 16 10 9 9

（注）著者を指定できないものは著者名を省略した。

マ愛の詩「双子探偵」として、テレビドラマ化されることも朗報といえるだろう。

『徳利長屋の怪』（前出）について、カバー裏には、次のように記されている。

花見客の見守るなかで予告どおりに盗みを成功させた怪盗九印の正体をつきとめ、れーちの話の謎をあっさりと解いた清志郎左右衛門が、幕府軍と新政府軍の戦から江戸を守るために、すごいことを考えた。江戸城を消す……。そんなことができるのだろうか。勝海舟や西郷隆盛を相手に名探偵の頭脳がさえる。名探偵夢水清志郎事件ノート外伝・大江戸編下巻、はじまりはじまり。面白すぎる。

『魔女の隠れ里』（前出）についてはは、やはりカバー裏に次のように紹介されている。

「お集まりの諸君、ようこそ地獄の推理ゲームに！」

ミニコンポのスイッチがはいり、カセットテープがまわりだす。

「わたしの名前は魔女。これからしばらくのあいだ、諸君には推理ゲームの駒となってもらおう。

犯人はわたし――魔女、そして探偵は、夢水清志郎。」

恐怖のゲームは、こうしてスタートした。

コーヒー事件、空中を歩く人、夜中にさまよう女……。

姿の見えない魔女の正体は、いったいだれなのか？

食べるほうが好きな夢水探偵、おねがい、しっかり推理してね！

このようなカバーに記された内容紹介を、前述した「読書だより」として印刷して子どもたちに配布する工夫をすれば、読書に親しむ態度を育てる学校図書館として機能していくはずだ。

児童・生徒から学びながら、新刊情報を書店から得て楽しい本の紹介を「読書だより」で積み重ねていく工夫をすることが、なによりも大切だ。従来の図式的な教養としての読書案内では、ますます読書に親しむ態度は育てられない。教師の怠慢は許されないのである。読書に親しむ態度を育てる教師であってほしいものである。

（『月刊国語教育研究』通巻三四一号　日本国語教育学会　二〇〇〇年九月十日）

読書の生活化を図る方法と課題は何か

読書の生活化とは、生活の中に生きる読書ということなのだが、生活とは何かを明確にする必要がある。生活とは生活している場、生きている場だといえよう。生活している場はさまざまに考えられるが、おおまかに子どもを軸に次のように考えられる。教育にかかわる学校という生活の場と、学校を離れた家庭という生活の場の二つである。子どもにとってはもうひとつ、学校・家庭を離れた友達とのかかわりにおける生活の場がある。

学校を離れた家庭という生活の場における親の認識は、教育にかかわる学校という生活の場の延長線上にある。そこでは読書にかかわって、親子の対立が生まれる。親の認識は教育的配慮によって、あるいは昭和二十年代の後半から始まった娯楽としての読書を全否定する悪書追放運動が、今や空気のようにあたりまえの認識になっていて、学校教育における学校文化の延長線上で子どもの読書を規制している。二十一世紀の今、このような認識が空気のようにあたりまえになっているのは、すべてにおいて解放史観による教育、あるいは解放史観による悪書追放運動による娯楽としての読書の全否定によるものである。その経緯については、拙著『国語教育の理論と課題』（高文堂出版社、昭62・9）の「読書論」で詳細に論じてある。拙稿を要約しておく。

昭和二十年代には学校で民主教育を受けていながら、家庭で時代小説、少年講談、冒険小説を読んで、封建的な考え方や感じ方を学ぶというのでは、まじめさを欠いた病的な傾向であると、娯楽としての読書が全否定された。マンガ、冒険小説、時代小説、少年講談等が悪書として批判されたのである。
一方、舟木枳郎は「チャンバラ寸評」(『児童文芸』第一巻第二号、日本児童文芸家協会、昭30・9)で次のように述べている。

おもしろいから俗悪だ、俗悪だから悪いということはいえない。すぐれた作品にもおもしろさはある。最近の児童娯楽雑誌の時代小説、絵物語には怪人魔人の超人間が活躍している。これもいえば浪漫精神のはけ口であり表現の一形式である。怪人と剣客がチャンバラをやっていてもいい。そこに作家の批判があればいい。だが批判のないものは講談だ。一色次郎の『戦国快男児』(ポプラ社版)は時代と善悪への批判が光っている力作。

これは時代小説擁護論なのだが、論争にまで発展せずに終わった。ポプラ社からは富田邦彦『熱球の誓い』(昭28・7)や、山岡荘八の次の作品が出版された。『胸に花をおけ』(昭27・12)、『紅の血は燃えぬ』(昭27・3)、『暗黒街の少年』(昭29・5)、『この声天にとどけ』(昭30・1)、『泣くな太陽』(昭30・3)、『地に燃ゆる歌』(昭30・4)等がそれで、山岡はこの頃盛んに少年小説を執筆していた。東光出版社からは、筒井敏雄『風雲幽霊城』(昭29・11)、尾崎士郎『父の星』(昭和32・3)等が出版された。偕成社からは、野村胡堂『乞食大名』(昭28・5)、中沢圣夫『風雲天帝城』(昭30・12)、村上元三『南海まぼろし船』(昭28・11)、子母沢寛『謎の百万両』(昭30・12)、柴田錬三郎『天一坊秘聞』(昭29・12)、中山光義『佐倉義民伝』(昭32・2)等が出版された。これらの作品をむさぼるように読んだ当時の子どもたちの読書は、まさに生活化されていたのである。
昭和三十年代には少年少女雑誌が批判の対象となった。少年少女のための娯楽雑誌を全否定するための批判であった。マンガでは武内つなよし『赤胴鈴之助』、横山光輝『鉄人28号』等が批判された。その論調は、ロボットマンガに登場する科学者はすべて性格破綻者、ロボットなどもその非人間的な科学者の凶器として使われるなど、児童雑誌は俗悪にアグラをかき、害毒が潜在化しているというものであった。『赤胴鈴之助』や『鉄人28号』は悪書として批判するほど害毒のあるマンガではあるまい。

先述したポプラ社、東光出版社、偕成社等の作品に批判の眼を向け、マンガ批判をおこなったのが日本子どもを守る会やPTA、あるいは文化諸団体であった。それらを受けて吉田甲子太郎の次のような発言があった。

今、子どもたちの読書が、俗悪な文化財におかされ、あらされて、社会問題となっています。そして、子どもたちには、良書よりもまず、適書をと叫ばれています。まったく、低級な娯楽のためだけの読書におちいってしまった子どもたち、青少年たちのために、すぐれた文学は、しばらくおいて、まず、俗悪書よりも、いくらか、ましな本を読ませるのが当面の急務だというのです。このことは、けっきょく、おとなの社会がわるいからです。しかし、だからといって、社会にだけ、その責めをあずけておいたのでは、問題のいとぐちは、ほぐれません。おとながいっしょになって、共感し、理解しあえば、子どもたち、青少年たちが、思ったよりも、よく、その本然の感受と理解をとりかえすはずです。そのような、明るい、楽しい、読書生活が、いっせいにはじめられることを希望します。俗悪書よりも、いくらか、ましな本を読むという手つづきから、やがては、良書も適書になってくるでしょう。

この文章は、日本文芸家協会編『少年文学代表選集　一九五五年版』（光文社、昭30・12）の「まえがき」

として書かれたものである。そして、吉田甲子太郎は〈本集は、こんにちのところ、なんといっても、その指標となる作品の収穫だということができます。〉と結んでいる。収録されている作品の作者は、大石真、住井すえ、塚原健二郎、坪田譲治、小川未明、佐藤義美、酒井朝彦、木下順二、壷井栄、石井桃子、北畠八穂、前川康男等である。

吉田甲子太郎のいう〈おとながいっしょになって、共感し、理解しあえる〉作品というのは、この選集の収録作品でいえば、住井すえ『夜あけ朝あけ』なのだろう。多数の子どもたちが野村胡堂の『乞食大名』(前出)や子母沢寛の『謎の百万両』(前出)に共感しても、多数の大人は共感しないのだろう。それは生活実感の違いなのである。

昭和四十年代にはジュニア小説という新しいジャンルが確立される。ジュニア小説は現代の少女小説で、純情・叙情の世界を描いた吉屋信子や北川千代等の少女小説から、富島健夫、三木澄子、吉田とし、佐伯千秋らの作品へと変容していくわけだが、それもこれも少女たちの肉体的な成熟ぶりをふまえた、新しい思春期小説・青春小説としてジュニア小説が登場したわけで、評価すべきであって批判の対象とすべきではなかったはずだ。今日、青春とは何かについて、『伊豆の踊子』や『野菊の墓』で考える時代ではあるまい。

こうして課題図書が優位にあって、中学生・高校生好みの作品が一段低いものという考え方が、教師たちの間に定着していくことになるのである。そして、読書の目的を明確にすべきであり、生活に役立てる読書でなければならないし、目的別の読書法を考えなければならない、ということが主張されるようになり、二十一世紀を迎えたのである。

時代小説や冒険・探偵小説は俗悪書であるから、大石真、坪田譲治、小川未明、前川康男等の作品を読めという主張は、二十一世紀の今も健在である。もっとも中学生のための時代小説は皆無なのだが。この主張は文学の本質をふまえてはいない。前者は大衆児童文学であり、後者は純児童文学である。純児童文学を基準にして大衆児童文学を批判してきたのである。こうした考え方で敗戦から五十八年間、児童生徒の読書のありようが示され続けたのである。その結果、次のような高校教師の考え方が、教師の一般的な考え方になったのである。詳細は拙著『子ども文化と教育のひずみ』（高文堂出版社、平8・11）の「子どもの現実に即した国語教育」で論じてある。ここで論じたのは、高校の教師は藤川桂介『宇宙皇子』を改めてじっくり読んでみようという作品ではないと評している。藤川桂介は改めてじっくり読んでもらいたいと考えて書いてはいないだろう。高校生はこの作品の全十巻に夢中になるのである。そこに藤川の高校生へのメッセージがあるからだろう。中学生が赤川次郎に夢中になるのも同じだ。これこそまさに読書の生活化だといえる。そのことの意味を問うべきであろう。

課題図書よりも高校生好みの作品、あるいは中学生好みの作品は、一段次元が低いという考え方は、中学校・高等学校の国語教科書の文学教材や課題図書を基準に、高校生好みの作品や中学生好みの作品を批判しているのである。学校文化の延長線上に、中学生や高校生の読書は存在しなければならないという考え方で、だから指導が必要だということになるのだろう。二十一世紀の今も前述した吉田甲子太郎の考え方が、踏襲されているのである。

このような考え方が教師と親の普通の認識になっている。この考え方は図式的にいって、教養としての読書が善で娯楽としての読書が悪ということになる。その結果むしろ読書嫌いを生み、落ちこぼしが救えないまま今日に至っているのだといえる。必要なのはマンガも読書という認識である。さらにいえば、娯楽としての子ども文化を認めることこそ重要なのである。藤川桂介や赤川次郎に夢中になれるから、あるいはマンガに夢中になれるから、学習活動を成立させるための潜在的なわかる力が身につくのである。学校文化の延長線上で家庭のあり方を考えるのではなく、学校と家庭の役割の違いを明確にすることが必要なのである。家庭の役割を学校に委ねたまま、二十一世紀を迎え今日に至っていることの是正が必要なのである。

家庭は基本的生活習慣を身につけさせる場であり、学校における学習活動が成立するための、潜在的なわかる力や考える力を身につけさせる場なのである。そのためにはマンガも読書という認識が必要なのである。マンガは見るものではなく、読むものなのである。詳しくは拙稿「学習活動を成立させるための潜在的な力の育成を」（子どもの未来社編集部編『【基礎・基本】の大研究』子どもの未来社、二〇〇一・一二）（本書67頁参照）で論じてある。

もう一点記しておくべきことがある。娯楽としての読書の全否定という情況の中で、世界名作はダイジェスト版ではなく完訳でという主張にかかわる問題である。世界名作といわれる作品は、原作がすぐれているから長い年月にわたって読み継がれてきた。ダイジェスト版はもとの作品（原作）ではない。このことにかかわって、昭和三十年代には古典文学の現代語訳が数多く出版されたわけだが、現代語訳は原作ではないから、古典文学も原作を読ませるべきだということで、古典文学の現代語訳まで否定されて今日に至っている。実は古典文学の現代語訳を読むことによって、学校を離れた生活の場で古典文学の素養が身につくのである。古典文学の現代語訳を生活の場に取りこむことも重要だ。詳しくは平成八年に論じた拙稿「小学生に必要な古典文学の素養」(『子ども文化と教育のひずみ』前出)を参照願いたい。

読書の生活化にあたってのなかでの問題は、マンガさえ読まない子どもの存在である。マンガさえ読まないのは読書する力がないのである。読書の生活化が成立しないのである。この問題にかかわって、東京学芸大学大学院の飯田珠緒さんが「国語科教育学Ⅳ　読書教育論Ⅰ」の平成十五年度前期のレポートで、マンガを読まない子どもの実態と解決策を次のように書いている。


補習塾講師の私が知っている子どもたちはかなりひどい。彼らには「読む」子ども文化すらない。私は根本先生の講義を受講するようになってから、入塾してくる子どもにマンガを読むかどうかを聞いたが、凡そ半数の子が「読」まないと解答した。(対象学年は小四から中三まで)マンガすら読めないのに(読めないから?)塾で必死に「国語」なんて授業をとって「読む」ことを詰め込もうとする。

(中略)

特に女の子は何かを「読む」のではなく、何か「巷で流行しているものを追っかける」という子ども文化がある。テレビのCMで口コミで実際に目で見てと、彼女たちの情報収集力は凄い。

例えば、小学校低学年の女の子が夢中になっているのは「シール集め」である。以前は何か共有するものを「読む」ということで支えられていたかもしれない学習活動は、現在では「集める」ということにとって代わられてしまったようである。ただし興味深いことに、「シール集め」で人気があるシールは、何かしらの形でストーリー性が見いだせる。例えば家族構成や構成員の性格が書きしるしてある。他にも友人関係の相関図があったりするものもある。私が聞くと得意そうに説明してくれる。このシール集めが小学校高学年になるとプリクラへと進化(退化?)するのはたやすく想像がつくところだろう。ここにも実はストーリー性は失われていない。今のプリクラには字が書き込めるようになっていて、日付や当時の心境を一言で簡単に書き記す場合が多いようである。これもプリクラを撮った当時のことを思い出しながら説明することができる。女の子は概して。有形のものからストーリーを組み立てることが上手である。

この「シール集め」から見えることは、「読む」以前の段階、「集める」ことで彼女たちは落ち着いてしまっているということだ。しかし、「集める」ことから派生する「交換する」ことや価値などを「説明する」ことは巧みである。ここにはまだ、「表現する」ということに関連した子ども文化が残っているのかもしれない。（中略）

マンガの読めない子は普通に会話もできないのであって、これをまず「マンガの読めるレベル」にまで引き上げることが落ちこぼしを救う道なのではないか。私は何かを「読む」ことができるという前段階として、何かについて誰かと「話す」ことが大切だと思っている。

飯田珠緒さんのレポートを読んで、補習塾には落ちこぼされた子どもたちが通っているのだなと、その実態についてあらためて考えさせられた。落ちこぼしが救えていないのに、「生きる力」の育成などとはもってのほかだ。落ちこぼされた児童生徒は生きる力について考えられないのだ。

一九四〇年代あるいは一九五〇年代には、親や教師が学校文化の延長線上で読書を強要しても、子どもたちは自分の小遣いで自分の読みたい雑誌や単行本を買って楽しむことができた。そして潜在的なわかる力を身につけていたのである。学校文化の延長線上での家庭における読書の強要が、マンガの読めない子どもを生んでしまったのかもしれない。その打開策を飯田珠緒さんが示してくれている。

マンガも読書ということを前提とした娯楽としての読書と、学校文化の延長線上に位置する教養としての読書の両立こそ、読書の生活化そのものだといえる。娯楽としての読書は、娯楽としてのすべての子どもも文化の中で考え、それを学校文化の延長線上で選別して価値を考えるのではなく、児童生徒がそこから何を得ているのかを考えるべきである。それを明確にしていくことが今後の課題である。

国語科において読書の生活化が図られれば、あらゆる教科の学習の基礎を培うことになると考えるのは短絡的である。国語科という教科では培えないのである。国語科という教科が培うのだ、培わなければならないと言われ続けているが、培えないのだと認識を確かにもち、読書の生活化を考えなければならないということも今後の課題である。

学校を離れた家庭という生活の場と、学校を離れた友だちとのかかわりにおける生活の場において、娯楽としての読書にどっぷりとつかることが必要なのだが、マンガを読めない児童生徒をどう考えるかも今後の課題であるし、娯楽としての読書の基盤を、どのように国語科における読書教育に結びつけていくのかも今後の課題である。娯楽としての子ども文化を認めることは、子どもに迎合することではない。

（北川茂治監修『CD―ROM版　中学校国語科教育実践講座　vol.7　主体的な学習を保障する国語科の授業―学校図書館の支援【理論編】』『CD―ROM版　中学校国語科教育実践講座』刊行会　二〇〇四年十二月二十五日）

情報能力と国語教育

――小学校における総合学習について――

平成八年七月に出された第十五期中央教育審議会の、第一次答申の重点項目は「小中高一貫の情報教育の実施」であった。それを受けて文部省はこの年の十月に、「情報化の進展に対応した初等中等教育における情報教育の推進等に関する調査研究協力者会議」を設けた。翌年の十月に同協力者会議は、第一次報告書「体系的な情報教育の実施に向けて」をまとめた。

この報告書については、永野和男「新しい学習指導要領における情報教育」(『教育と情報』五月号第四九五号　第一法規出版　平一一・五・一)に、よく引用される部分の、その全文が紹介されているので次に引用する。

(1)　課題や目的に応じて情報手段を適切に活用することを含めて、必要な情報を主体的に収集・判断・表現・処理・創造し、受け手の状況などをふまえて発信・伝達できる能力(情報活用の実践力)。

(2)　情報活用の基礎となる情報手段の特性の理解と、情報を適切に扱ったり、自らの情報活用を評価・改善するための基礎的な理論や方法の理解(情報の科学的な理解)。

(3)　社会生活の中で情報や情報技術が果たしている役割や及ぼしている影響を理解し、情報モラルの必要性や情報に対する責任について考え、望ましい情報社会の創造に参画しようとする態度

〈情報社会に参画しようとする態度〉。

永野和男は〈最近、項目だけがひとり歩きしているきらいがある〉と指摘しているが、なるほど全文を読んでみると、具体的に何をどう考えたらいいのかが見えてくる。

情報活用の能力と態度の育成にかかわる資料として、山本有三編集『国語6年の1』（日本書籍　昭二七・一二）の、次のような単元構成はおおいに参考になる。また、総合学習のありようについても示唆してくれている。拙著『国語教育と戦後民主主義のひずみ』（高文堂出版社　平一一・一一）所収の「「総合的学習」とは何か―単元の形成という視点で考える」で、総合的学習について小学校国語科の場合はどうか、私の管見する範囲内でいえば、単元の形成という考え方による大単元の構成は考えられていないと記したが、大単元の構成はある。ここに私の記述が誤りであったので訂正しておく。

山本有三編集『国語6年の1』（前出）には「各巻を通しての編集態度」として、〈各単元は、それぞれの主題のもとに統一を保ちつつ、各種の国語能力要素を、つとめて総合的に学習できるようにした〉と記されていて、まさに総合的学習の単元構成なのである。

次に「通信」という大単元のなかに、六つの教材が配列されているその単元構成について記す。

通信

ことばの力　　本の注文　　電報　　水害のみまい文とその返事

敬語のいろいろ　　電話をかけるときの心得

この「通信」という単元での学習の内容について、「指導者のみなさまへ」という文章があり、まず「通信」という単元の目標が次のように記されている。

通信

各種の実用的な通信文の理解と作成の能力を与えることを主目標とした単元です。と記したうえで、六つの教材についての説明を次のように記している。

・ことばの力――言語の文化性を歌った詩。

・本の注文――出版社に本を注文するという筋のもとに、この種の通信文の作り方を教え、かつ、かわせの組み方に触れています。

・電報――電報文の読みとり方と、作り方。

水害みまい文とその返事　実用性とともに、親愛の情を、簡素な文中に示した例になっています。

・敬語のいろいろ――通信文の学習の機会をとらえて、敬語をしっかり使いこなせるようにしようとした教材です。多くの設問を添えてあります。

・電話をかけるときの心得――この内容を会得させるとともに、この種の文例としても有効に使ってください。

まさに「情報化の進展に対応した初等中等教育における情報教育の推進等に関する調査研究協力者会議」（前出）の、情報の発信・伝達の手段の学習そのものだといえる。

教材「ことばの力」は次のような内容である。なお、作者名は明記されていない。

一個のパンを分けあう。
分けあって食べるふたりの心。
心と心が、ことばで通う。

「ごちそうさま。」「いいえ。」

「山の上のあの花は、なんという花だっけ。」
「ツリガネソウだ。きれいだったな。」
ことばで、その花が、ほかの花と区別され、
ことばで、過ぎ去った日が、よみがえる。

「それは、そうじゃない、こうなんだ。」

「わかった。しかし、こういうことばはどうだ。」

ことばと共に、生活が正しくされる。

ことばと共に、おたがいの心がみがかれる。


むかしを今に受けつぐことば。

きょうをあしたへ進めることば。

東と西をつなぐことば。

人間だけが持っていることばの力よ。

ことばのすばらしさよ。


この教材は情報活用の実践力の基盤になければならない〈ことば〉、情報の科学的な理解の基盤になけれ

ばならない〈ことば〉、情報社会に参画する態度の基盤にならなければならない〈ことば〉を、考えさせるための教材としての位置づけも考えられる。情報にとっての〈ことば〉〈言語〉の文化性を考えさせるということは重要である。

教材「本の注文」は次のような内容である。なお、これも作者名は明記されていない。

ぼくたちの学級では、ざっしの広告で見た「飛ぶ教室」という新刊の本を、学級文庫に買い入れることにきめた。

町の本屋へ買いに行ったが、その本が無かったので、発行所に注文することにした。

注文書の文案は、文庫の委員たちが作って、先生に見ていただくことになった。文庫委員は、男女各二名で、ぼくもそのひとりである。

四人は、放課後、一つのつくえを囲んで集まった。そして、まず池貝さんに文案を書いてもらうことにした。池貝さんは次のように書いた。

初夏の候になりました。私どもの学級文庫に、興味ぶかい読み物を備えつけたいと考えていましたところ、二、三日まえに、ざっしの広告で「飛ぶ教室」というよい本が、あなたの会社から発行されたことを知りました。それで、みんなと相談の結果、この本を買い入れることにしました。その本の代金をかわせに組んで、この手紙といっしょにお届けしますから、なるべく早くお送りくださいますよう、お願いします。

さようなら

これを見て、増山さんが言った。

「送料もいっしょに送らなければいけないのでしょう。そうすると、本の代金と送料を合わせて、お金をいくら送ったかということも書いたほうがよくないかしら。」

「賛成。それから、まちがいのないように、著者や訳者の名前も書き加えるほうがいいだろう。」

と、ぼくが言ったら、賀川君は、また別の意見を述べた。

「この文章は長すぎるから、もっと、かんたんにしよう。」

なるほど、そういわれると、池貝さんの文には必要なことがぬけていて、不必要なことが多い。また、あて名や日づけや発信人の名まえも書いていない。そこで、消したり書きたしたりして、みんなで、じゅうぶんに文章を練った。それから、ぼくが清書をしたら、次のようなものができあがった。

注文書

はいけい、ケストナー作、高橋健二訳「飛ぶ教室」壱部、私たちの学級文庫に備えつけたいと思います。代金と送料合わせて金二三〇円、かわせにして、入れておきました。至急お送りくださるよう、お願いいたします。

敬具

できあがった注文書を先生に見ていただいた。先生は、ていねいにお読みになってから、

「よくできました。—それでは、このお金を、ゆうびん局へ持って行って、かわせに組んでもらいなさい。ふうとうの番地や、あて名は、きちんと、わかりよく書くのですよ。かわせを入れないうち

に、ふうとうのふうじ目をはりつけてしまわないように気をつけなさい。送る金額のほかに、かわせ料と書きとめ料が必要ですから、これだけ持って行ってごらんなさい。」（後略）

ここでは、広告を媒体とした情報の収集、本の注文という情報の処理、注文書の文案を考えるという、情報にかかわる表現等と、情報活用の実践力の学習が成立する。さらに読書としての学習指導も成立する。

私は情報能力とは疑問を持てる力であり、情報の蓄積のできる力だと考えている。総合的学習について教育学の分野から、さまざまな情報が提供されているが、教師自身がまず疑問を持つところから出発すべきであろう。総合的学習について、無から有を生むのは至難の業である。まずは昭和二十年代から三十年代にかけての教科書の分析から、情報教育の実践にかかわる総合的な学習の時間を考えるべきであろう。

倉澤栄吉は、「単元学習と総合学習」（『月刊国語教育研究』日本国語教育学会　平一二・一一・一〇）で次のように述べている。

最近、「総合（的）学習」が入り込んできた。教科教育の百年に及ぶ伝統への挑戦である。しかし、私どもは驚かない。単元学習を志向してきたのだから。（中略）

単元学習は「国語単元学習」として（国語科単元とともに）、総合的に学習されて、ひとりひとりの国語学習を充実させ活性化させてきた。

倉澤栄吉の提言してきた国語科単元とともに、総合的に学習されてきた単元学習のありようから、総合的学習を考えるべきだという確信を持った。単元学習は総合的学習そのものなのである。

（東京学芸大学附属学校研究会国語部編著『学びを創る国語教室2　情報能力とコミュニケーション能力』三省堂　二〇〇一年二月二十日）

児童・生徒の潜在的な力の育成を

――学習活動を成立させるために――

落ちこぼしはいまだ救われていない

雑誌『教職研修』(「教育開発研究所／二〇〇〇年三月号)は、中教審答申特集「初等中等教育と高等教育との接続の改善について」の徹底分析と具体化への提言である。この特集に、児島邦宏「基礎・基本の徹底と『生きる力』の育成の観点から小・中学校の一貫性をどう図るか」と題した文章がある。そのなかで児島はつぎのように述べている。

基礎・基本の習得のうえに立った生きる力(自ら学び、自ら考える力や個性)の育成が基本的構図になっている。

もちろん両者は、直線的に積みあげていくのではなく、相互に補完し合い、働きながら資源・能力としてはぐくまれていくものであるが、その比重の置き方からすれば、基礎・基本のうえに、生きる力が積みあげられていく。(中略)

中学校の教育内容を先取りする形で、小・中学校間の接続を図るのではなく、小学校での基礎・基本の徹底のうえに積みあげる形で、小・中学校間の接続を図ることが基本姿勢となり、先取り教育は避けねばならないわけである。

児島邦宏の考え方の前提は、すべての子どもに基礎・基本を習得できる能力があり、小学校での基礎・

基本の徹底を受け入れられる能力をもっている、という発想である。はたして、そうなのであろうか。

一九九八年二月の文部省の「学校教育に関する意識調査」によると、小学校で「ほとんどわからない」という子どもが〇・九パーセント、「わからないことが多い」が三・三パーセントで、合わせると四・二パーセントである。中学校では、「ほとんどわからない」「わからないことが多い」という子どもが二十・三パーセントとなっている。つまり、小学校の段階で、すでに「基礎・基本」が習得できていない子どもがいるのである。落ちこぼしはいまだ救われていないのである。

だから、新しい学習指導要領では、厳選された「基礎・基本」を確実に習得できるようになっているというのであろうが、小学校で落ちこぼされた子どもたちは、中学校で学習指導要領に基づいた授業を受けても、理解できないのである。これは、同調査で、小学校で「だいたいわかる」と答えた三十五・四パーセントの子どものうち、二十三・九パーセントが中学生になると「半分くらいわかる」に落ち込み、「半分くらいわかる」小学生二十七・七パーセントのうち、十六・二パーセントが中学生になると「わからないことが多くなる」と落ちこむことからも明らかだろう。

落ちこぼしをなくしていくために、学習指導要領を改訂することも、教科書中心の伝達型の授業から考える力・表現する力を重視する授業形態に転換することも重要である。しかし、実はそうした学習活動を行なうための下地が、子どもの側にないのである。学習活動が成立するための潜在的な能力があって、はじめて主体的・論理的に授業を理解することができ、力をつけていくことができる。

したがって、学習活動が成立するための潜在的な能力を、どこで育成するのかをまず考えなくてはならない。

学校文化とは無縁の子ども文化の役割

私は、娯楽としての子ども文化、読み物でいえば大衆児童文学が、学習を成立させるための下地をつくってきたと考えている。

子ども文化には、学校文化にかかわるものと、学校文化とはまったく無縁のものとが存在している。前者は学習マンガ（伝記・日本の歴史等）であり、小学校国語教科書の文学教材の延長線上にある児童文学、私のことばでいえば、純児童文学である。後者は、『りぼん』『なかよし』『少年ジャンプ』などに掲載されているマンガであり、ＲＰＧ（ロールプレイングゲーム）であり、探偵小説、ＳＦやジュニア小説などの大衆児童文学である。

大衆児童文学は、荒唐無稽な話として批判されてきた。しかし、多くの作品は勇気と思いやりをもって助け合い、邪悪を排して正義に生き、希望に燃え、目的を一つにした骨肉愛ともいえる信頼で結ばれた登場人物が描きだされている。

吉川英治や大仏次郎などの少年小説・少女小説としての大衆児童文学が、その代表的な存在だが、このような大衆児童文学の世界が、現代ではマンガというメディアによって子どもに供給されているのである。あるいは、ＲＰＧにも組みこまれているのである。

国語科という教科が、学習を成立させるための基礎学力を培わなければならない、という主張がある。だが、国語科という教科をとおしてあらゆる教科の学習が成立するための基礎学力の育成をすることは、現行のカリキュラムでは不可能である。たとえば一学期はすべて国語科で、二学期から国語を含めた算数、社会、理科など他の教科の学習がはじまるというのなら、その可能性を探ることもできるであろう。それにしても、無理がある。

学習が成立しなければ、生きる力さえ身につかない。身につかなければ義務教育を終える段階で、一生人に使われる立場と人を使う立場の人間に、二極化される危険性が現実となる。前者は企業にとって都合のよい労働力になるだろう。その労働力となる人材は、夢や希望や可能性を内に秘めることがなくなる。それでいいのだろうか。国語科教育では担えないのである。そのことの認識が必要だ。

国語科教育が学校の授業がよくわかるという児童を、育ててきたというのは錯覚だろう。「学校教育に関する意識調査」（前出）で、学校の授業がよくわかる小学生十九・九パーセントは、大学生になっても国語科教育でわかる力を育てられたという認識を持っている。大学生の半数がそう考えていることからも、小学生の十九・九パーセントがよくわかるというのはそのこととかかわる。

しかし、これとても国語科教育が担ってきたのではない。幼稚園・保育園での絵本の読み聞かせの延長線上で、小学校の低学年・中学年・高学年と、純児童文学（教科書の文学教材と同質の作品）を読み続けた結果なのである。

学校文化とかけ離れた娯楽としての子ども文化のなかで、たのしむこと、遊ぶことによって、学習を成立させる潜在的能力、学習を理解する力を子どもは身につけてきたのである。そのことの認識が、教育学者や現場教師にはほとんどない。

じつはいま、マンガさえ読まない子どもたちが増えている。これが、学習を成立させるための潜在的能力を持ち合わせない子どもの増加につながっているのだと考えている。

マンガは読むものだという認識と、マンガという子どもの娯楽としての文化を認めるという認識が必要なのである。

マンガを「読む」ことができない子が問題

次頁の資料1~3は、『コロコロコミック』第23巻第6号(小学館)に連載された鷹岬諒「ロックマンエグゼ」の冒頭の三ページである(二〇〇一年九月一五日号)。この号に掲載された十六ページ分のストーリーは、「見る」だけならば、わずか二、三分で追っていけるだろう。これが、吹きだしを斜め読みしながら、マンガを「見る」ということである。

だが、冒頭の三ページを「読む」だけでも、さまざまな思考活動が必要なことがわかる。吹きだしを読むと、官庁街全エリアを悪の組織WWW《ワールドスリー》が完全制圧したことを報告しているのだということが理解できる。そして、ワイリー総帥が地球支配のために光博士のプログラムを手に入れろと命じたということがわかる。だが、それだけでなく、悪に対する恐れと怒り、正義にひかれる心の動きも、「見る」のではなく「読む」ことによって読者は感じるはずである。

資料1の一コマめに〈悪のワールドスリーが動き出す!〉とある。ここから吹き出しを斜め読みしながら絵を見ていくと、光博士がワールドスリーに捕われ苦悩する。一方テレビが爆発し町中が大混乱する。これはワールドスリーの総攻撃が始まったと判断した警察本部は、その対策を考えるがロックマンエグゼが登場する。プログラムを書き換えられたグライドがロックマンに挑む。ロックマンはグライドに捕えられるがブルースに助けられる。ブルースがグライドを倒そうとするが、ロックマンはエレキサークルでグ

©鷹岬諒／小学館（資料1～3）

資料1　右上
資料2　右下
資料3　左上

ライドを正常に戻す。そこに、炎山が登場しいよいよワールドスリーとの決戦が始まる。以下次号と五分とかからずにストーリーがたどれる。

まさにマンガを見るということなのだが、そのような目で資料1・2を見ると、悪のワールドスリーが動き出し人が倒れた。ワールドスリーの攻撃が始まるのかと、ストーリーを追うことになるわけだ。しかし、資料1の吹き出しを読むと、エレキ伯爵がワイリー総帥に、催眠ガスの散布で官庁街全エリアをワールドスリーが完全制圧したことを報告しているのだということが理解できる。そして、ワイリー総帥は地球支配のために光博士のプログラムを手に入れろと命じたということがわかる。

資料3の三コマ目の光博士の苦悩は、ワールドスリーに協力できないと断言した博士に、エレキ伯爵が「……それが最終解答《ファイナルアンサー》かね。困ったものだ……。」と言って銃を「ジャキ!」と光博士につきつけたために、博士は「……熱斗……、パパはもうダメかもしれない……。ロックと力を合わせてママを守ってあげてくれ……!頼んだぞ熱斗……!」という、死に直面した父の我が子に対する思いからくる苦悩だということが読みとれる。まさにマンガは読むものなのである。

しかも、『コロコロコミック』『なかよし』『りぼん』は総ルビなので、小学校三年生から五年生くらいまでが読んでいる。五年生あたりからは『ちゃお』『少年ジャンプ』を読む。両誌も総ルビだから四年生から読む子もいる。

多くの幼児は親の買ってくれる雑誌『おひさま』(小学館)、『たのしい幼稚園』(講談社)、『ディズニーランド』(講談社)、『ベビーブック』(小学館)、『めばえ』(小学館)、『幼稚園』(小学館)等に魅せられていく。幼児のための雑誌が多いのは売れるからだ。幼稚園・保育園の読み聞かせも受けいれる。

これらの雑誌の延長で学年別雑誌を読む。唯一小学館の発行だが、小学校の三年生あるいは四年生あたりから、学年別雑誌離れがはじまり、マンガ雑誌『コロコロコミック』（小学館）、『なかよし』（講談社）、『りぼん』（集英社）等を読みはじめる。五・六年生になると雑誌『ちゃお』（小学館）、『週刊少年ジャンプ』（集英社）を読み、女子はジュニア小説を楽しみ、男子はゲームを楽しむのである。低・中学年向けの学年別雑誌から脱して、マンガ雑誌を読まない児童が問題なのである。

『コロコロコミック』を二十分あるいは三十分で見終る子は、ゲームで遊ぶことをしないし『週刊少年ジャンプ』を手にすることはない。『週刊少年ジャンプ』を手にしても二、三十分で見終る子は、中学生になって授業が半分くらいわかるということになる。読むとなると一時間や二時間はかかる。

マンガ雑誌やゲームによって児童・生徒は、学習が成立するための潜在的な能力を身につけているのである。このことについてはすでに、「娯楽としての読書教育」および「児童文学をとらえる視座――読書のあり方の意味を問うことから」（拙著『読書教育と児童文学』所収　双文社出版　一九九〇・四）、「子ども文化を軸にした論争を――神戸の小六殺害事件で考えたこと」「放課後の子ども文化――娯楽文化をとらえ直そう」「娯楽としての子ども文化の研究を――歴史の連続と断絶という複眼から」（拙著『マンガと読書のひずみ』所収　高文堂出版社　平一〇・九）、「現代文化と国語教育――芥川の童話とマンガの価値をめぐって」（本書12頁）、「マンガと国語教育を架橋するもの――絵画表現を読む読書から総合学習へ」（本書32頁）で論じてある。

マンガは読むものだという認識と、マンガという子どもの娯楽としての文化を認めるという認識が必要だという、私の主張をそれらの論文では貫いてある。

ところが、マンガを手にしたことの無い教師が、マンガは見るもので読むものではないと断じ、マンガは通俗で俗悪だから悪いものと子どもたちに教えている。だからマンガは学校に持参してはいけないということになる。このような考え方は、滑川道夫著『こどもの読書指導』（国土社　昭二四・一一）の娯楽としての読書指導の全否定にはじまり、繰り返しマンガ批判としての悪書追放運動がおこなわれて今日に至っている。その経緯については、「悪書追放運動の意味するもの」（拙著『国語教育の理論と課題』所収高文堂出版社　昭六二・九）で論じてある。

昭和四十年代までは親や教師がマンガは悪書と断じても、子どもは自分の意志でマンガや少年小説・少女小説を読み、学習が成立するための潜在的なわかる力を身につけていたのである。しかし、落ちこぼしが救えず、ほとんどわからない子とわからないことが多い小学生が四・二パーセント、半分くらいわかる小学生が二十七・七パーセントも存在している今、マンガを楽しむことによって学習が成立するための潜在的な、わかる力を身につけているという認識に立った、教育を考えることが急務となる。

図式的に読書を分けると、教養としての読書と娯楽としての読書に分類できる。前者は各教科の延長線上の読書であり、大学生で言えば演習や講義内容にかかわる読書であり、教師で言えば教材研究にかかわる読書等である。後者は小・中・高校生の学習と無縁の読書であり、通学・通勤の車内での読書である。そこで読まれる作品は推理小説や時代小説・ジュニア小説・赤川次郎の作品等であり、月刊誌や週刊誌等である。そこにはマンガ雑誌や女性雑誌が含まれる。

大人は読書をこのように使い分けているわけだが、児童・生徒の読書については前者は善で後者は悪、マンガ雑誌等もってのほかと批判してきた。今必要なのは児童・生徒の娯楽として読書を全面的に認め、マンガも読書という認識に立つことである。

また、さくらももこの「ちびまる子ちゃん」などは、ストーリーらしいストーリーはない。まる子の、どちらかといえば平凡な日常生活が描かれているにすぎない。だが、きちんと「読む」と、まる子は動物が好きなだけでなく、ささいな自然の移り変わりにとても敏感で、風情を味わう心をもっていることがわかる。さらに、友だちが困っているときに思いやりをもって対応できるし、状況を判断する能力が高い少女でもある。このように、ささいな日常の風景を描いたものから、登場人物の性格や行動原理などを、読者は「読む」のである。

ストーリーをたどり、マンガを「見る」だけでは感動は生まれない。感動するためには必然的に読みひたることになる。読みひたるために、子どもは想像力を駆使し、空想している。そのなかで無意識のうちに推理、応用、批判、判断、解決といった思考が行われる。それが潜在的な力として蓄積されるのである。読みひたることによって無意識・無自覚に想像力や空想力を豊かにしているのである。想像力が豊かになれば、当然のことながら理解力や表現力が身につくのである。さらに想像力が豊かになれば、推理力や応用力も自然に身につくのである。

このようにマンガを「読む」ことによって身につけた、潜在的なさまざまな力が学習を成立させているのである。

ところが、いま、マンガを読みひたることのできない子どもが増えているのである。くりかえしになるが、少年・少女向けのマンガ雑誌一冊を「読む」には、一時間、二時間くらいはかかる。それを、一冊を二、三十分で「見る」子が多くなっている。このような子は、理解する力が育たないため、テレビゲームで遊ぶこともしないし、赤川次郎やスニーカー文庫を手にするようになることもない。そしてこのような子が、授業が理解できずにいるという相関関係を、附属小学校の校長になって、日々実感したのである。

漢字の「読み」をマンガが教える

もう一つ、例を出そう。

「読売新聞」(二〇〇一年八月二〇日付)朝刊の「ひろば」欄に、日本教材文化研究財団の小学校・学年別配当漢字の習得調査委員会がまとめた調査報告書の内容が紹介されている。

全国の小・中学校六十六校、小・中学生二万六、七八七人を対象に実施されたもので、小学校学習指導要領で示された千六字の学年別配当漢字の習得状況が、つぎのように報告されている。

「読み」の平均習得率は、一年92・4%、二年94・1%、三年92・0%、四年89・7%、五年89・7%、六年88・2%。各学年とも90%前後を維持し、学力低下の経過は見られなかった。

一方、「書き」の平均習得率は、一年91・6%、二年81・4%、三年70・4%と低下、四年63・0%、五年61・4%、六年62・5%と四年生以降は六割台で低迷している。報告書では、「学年が上に行くにしたがって新出漢字が増え、完全に習得できていない未消化分が累積していった結果」と分析。

読めるのに、なぜ書けないのだろうか。「読み」が各学年とも九十パーセント前後を維持しているのは、総ルビのマンガ雑誌を読むことによって、無意識・無自覚に習得した潜在的な「読み」の力があるからだと、私は考えている。マンガが潜在的に身につけさせた漢字の「読み」の力を、教科書を読むときに発揮しているのである。それは、子どもがマンガ雑誌を「見て」いるのではなく、「読んで」いるからである。

「書き」については、意図的・意識的に学校で教えなければならない。それは強制以外にない。その時に潜在的に身につけた「読み」の力を、学習の場での「書き」の習得にどのように生かすかについて、教師の力量が問われるところである。

マンガを「読む」という行為を成立させるためには、文を理解する力が要求される。先の資料1～3の吹きだしからもわかるように、小学校中学年向きの『コロコロコミック』にもかなり難解なことばが出てくる。だが、子どもたちは、前後のコマの流れや絵によって推測しながら読みすすめていく。

それは大人が小説類を読むときに、難解なことばが出てきた場合、文章の前後関係から推測して読みすすめるのと同じである。

重要なのは、マンガ雑誌が総ルビであるということだ。これは、学年別配当表に左右されないからである。そのために、むずかしい漢字であっても、ルビを頼りに読み、前後の絵や文章から意味を判断していくことができる。学年別漢字配当表に準拠した純児童文学（教科書の文学教材の延長線上の作品）では、このようなことができないのである。

子どもの発達段階という考え方があるが、子どもは発達段階を超えてマンガ雑誌を共有している。『コロコロコミック』は三年生から五年生までの共有雑誌である。そのことの意味も考えるべきである。

子どもの娯楽文化を学校に取り入れる

いま「読書ばなれ」といわれているのは、教科書の文学教材の延長線上にある純児童文学ばなれであって、マンガやジュニア小説は読まれているのである。

それを「読書」ではない、としているのは、学校の文化であり、大人である。ほとんどの子どもたちが、赤川次郎やX文庫、コバルト文庫などのジュニア小説で、学校に提出する読書感想文を書いてはいけないと考えている。小学校高学年の児童と中学生のすべてがそう考えている。これは、学校文化がいかに娯楽としての読書を全否定しているかの証左であり、悪書追放運動が徹底した証左だ。

いま必要なのは、子どもの娯楽としての読書を全面的に認め、マンガも読書という認識に立つことである。教師・学校は、マンガを含めた子どものための娯楽としての文化を全面的に認め、休み時間や昼休みや放課後にマンガを含めた文化にふれることを認めるべきだ。認めることによって、マンガを読んでいる子に影響され、あるいはジュニア小説を読んでいる子に影響されて、マンガやジュニア小説を読むようになることはおおいに考えられる。そうして、学習が成立するための潜在的な力を身につけることができるのである。

また、たとえば、『りぼん』第47巻第10号（二〇〇一年一〇月特大号　集英社）には、付録として〈ファッション・バンダナ〉がついている。それと連動して、バンダナの利用法について、たとえばバンダナを頭に巻いたり首に巻いたり、バッグにつけたり、あるいはお弁当の包みとして、ハンカチとして使おうという講座が本誌にある。これなどは、結び方を身につけられることはもちろん、家庭科の「生活を創意工夫する」潜在的な力が身につく付録であり、記事であろう。

ほかの付録も、さまざまな面で子どもに潜在的な力をつけるものだといえる。たとえば、〈レターセット〉は、日常生活のなかでの友だちとのやりとりをすることで「書く」ことにかかわる潜在的な力をつけるだろうし、〈オータムボックス〉は、図画工作の創造的な技能の潜在的な力をつけるだろう。

このような付録がついているのは、マンガ雑誌がマンガのみならず、子ども文化を象徴し、提供する立場にあるからだと考える。これは、学校文化と対峙する娯楽としての文化であり、学校はそれを認めることによって、おおいに活用して、子どもの潜在的な能力の育成を促すことができるのである。

学校図書館に『りぼん』『なかよし』『コロコロコミック』を常備することも必要かもしれない。

そうすれば、「総合的な学習の時間」の課題を、子ども自身がマンガ雑誌から発見することもできるだろう。そのなかで、学習活動を成立させる潜在的能力がつくのであれば、「総合的な学習の時間」は大きな意義をもつ。

大切なのは、「総合的な学習の時間」さえも、学校文化のみが支配するものとしてしまわないことではないだろうか。

(子どもの未来社編集部編『これからの授業づくり【基礎・基本】の大研究』子どもの未来社　二〇〇一年十二月十五日　一部加筆　原題・学習活動を成立させるための潜在的な力の育成を)

国語科教育の二十一世紀を探る

――剽窃の問題と教科教育と教科専門などのこと――

二〇〇四年五月に拙著『子ども文化にみる綴方と作文――昭和をふりかえるもうひとつの歴史』をKTC中央出版から刊行した。この本に児童雑誌『赤とんぼ』の綴方について論じた、「児童雑誌『赤とんぼ』と山本映佑――『綴方集　風の子』とその周辺について」を再録してある。

この論文の原題は「戦後綴方教育の研究――雑誌『赤とんぼ』と『綴方集　風の子』のこと――」で、『東京学芸大学紀要　第二部門　人文科学』第三十三集（東京学芸大学　昭和五七・二）に発表したものである。国語教育の遺産は児童文学そのものにあるという考えを、一冊の研究書で表明したいということで、『国語教育の遺産と児童文学』（高文堂出版社　昭和五九・五）をまとめた。この拙著に『赤とんぼ』の綴方についてを再録した。一九八四年のことである。

一九八四年は私にとってショッキングな年であった。拙著刊行の翌月、I大学教育学部附属中学校教諭A氏の『戦後作文教育史研究』（教育出版センター　一九八四・六）が出版された。この本に一九八二年三月に執筆した、私の児童雑誌『赤とんぼ』の綴方教育に関する論文が、剽窃されていたのである。中学校の教諭ということもあり、そのままにしておいた。それから二十年が経過した。

その後の二十年間に、私は子ども文化と綴方・作文にかかわる論文を書き継ぎ、『子ども文化にみる綴方と作文――昭和をふりかえるもうひとつの歴史』を出版することができたのである。この拙著について

「あとがき」に次のように記した。

本書は明治期の『少年世界』と大正期の『赤い鳥』を起点に、戦後を中心に昭和二十年代から昭和三十年代までの、作文・綴方教育の歴史について論及した。

（中略）

特に、重点を置いたのは、戦後の児童雑誌と少年少女雑誌の綴方・作文教育についてである。そこでは制度としての教育の場を離れて、子どもたちは実に生き生きと文章を書き、実に多くの教師たちが指導にあたっていた。それらの内実を、私なりに分析したのが本書なのである。その意味で本書は、これまでまったく論じられなかった作文・綴方教育史である。

このような視点のまったくない作文教育史が、これまでの作文・綴方教育史研究であった。

この私の文章について、先に記したA氏が異論を唱えてきた。私の〈これまでまったく論じられなかった作文・綴方教育史〉〈このような視点のまったくない作文教育史が、これまでの作文・綴方教育史研究であった。〉という主張に対する異論である。〈まったく論じられなかった〉わけではないことをA氏は強調している。

A氏の異論は、戦後の児童雑誌と少年少女雑誌の綴方・作文教育について、A氏自身が『戦後作文教育史研究』の中で『赤とんぼ』について論じているから〈まったく論じられなかった〉わけでもないということなのだ。

A氏自身が子ども文化を視野に入れているのであれば、当然作文の会の主な事業の「八、青少年文化の研究」が論じられていていいのだが、等閑視している。作文の会のその事業の内実は、拙著で初めて解明したのである。

A氏の『赤とんぼ』の綴方教育論は、私の論文の剽窃である。沈黙を破るつもりはなかったが、右に述べたことを考えると、そのことを明らかにしないわけにはいかない。まったく論じられなかった、作文・綴方教育史の解明が『子ども文化にみる綴方と作文』なのである。そこで、剽窃の実態を示しておきたい。その実態を確認すればおわかりのように、戦後の児童雑誌と少年少女雑誌の綴方教育と作文教育については、剽窃はあったがまったく論じられていないと言っても過言ではない。

ちょうど二十年前の剽窃だが、剽窃したという認識の無い異論が示された以上、やはり剽窃の実態は明らかにしておかねばなるまい。『子ども文化にみる綴方と作文』は、多くの人に読んでもらいたいという願いがある。

拙著は二十一世紀の作文・綴方教育を考えるための文献としての意味も持っている。また、戦後の作文・綴方教育史の空白部分を埋めた、私なりの綴方・作文教育史なのである。

A氏の『戦後作文教育史研究』は剽窃の部分を除けば、優れた戦後作文教育史の研究で評価できる研究書であると思う。拙著『子ども文化にみる綴方と作文』でも、特に作文の会の仕事については、A氏の著書を記してある。そのことをまず記しておく。

ともあれ、私の紀要に執筆した論文と、A氏の論文とを比較対照したものを、『岡田純也著作選集別巻わすれな草』（KTC中央出版　二〇〇五・五）所収の拙論「国語科教育の二十一世紀を探る――剽窃された『赤とんぼ』の綴方論などのこと――」で論じておいた。ここでは省略する。

上段はA氏の論文、下段が私（根本）の論文として示しておいた。拙著『子ども文化にみる綴方と作文

――昭和をふりかえるもう一つの歴史』（KTC中央出版　二〇〇四・五）への再録を機に私（根本）の論文を擁護しておきたいという考えによるものである。

拙論「国語科教育の二十一世紀を探る」（前出）の比較対照表を参照していただければ、おわかりのように、論文の構成も酷似しているし、引用も全く同じなのである。やはり剽窃である。ただ引用は違うという印象を与えるための、姑息な手段が見え隠れしている。違いは引用文の頁を入れていることと、「さつま芋日記」の一節の引用の違いのみである。

具体的にいくつかの問題点を指摘しておく。まず『綴方集　風の子』に収録された綴方の列記が、A氏と私と全く同じであるということがいえる。A氏が『赤とんぼ』への掲載を、本当に確認しているのなら全く同じにはならない。私には単行本の総目次作成という、文献書誌についての意識が常にあり、この論文もそのつもりで単行本『綴方集　風の子』への掲載順として記したのである。

これは大変重要な問題である。どのような問題なのかというと、A氏は〈敗戦直後の教育の「空白時代」といわれている状況の中で〉と論じているが、一般的にそう論じられているのなら、そのことを明記すべきである。

この時期について「空白時代」であると明確に位置づけて、一般的には論じられてはいないのである。「空白期」と位置づけたのは、唯一私だけだ。他の誰かが「空白期」として論じているのならお教え願いたい。

A氏は論文の最後に「附記」として、私の紀要論文を記したうえで、〈本節での論述もこの論文から受けた示唆に負うところが大きいことを記して謝意を表したい。〉と記している。このように記されると、示唆を受けて独自の論文を書きあげたという印象を与える。しかし、比較対照で示したように、剽窃以外のなにものでもないのである。

単なる示唆ではなく剽窃であることが、附記にこのように記すことによって、相殺されるという判断をした、研究者としてのA氏を私は赦せない。綴方・作文教育史は、誰が書いても同じものになると、暴言を吐く者がいる。これもまた赦せない。

二十一世紀の国語科教育の実践と研究は、このような剽窃を根絶することにあると私は考えている。研究は教育現場での実践とは違うのである。確かな研究に対する問題意識を持つことが、児童・生徒への大きな影響力を持つことになり、二十一世紀の国語科教育の発展にもなることを、研究を志す者があらためて確認しなければならない秋が今だといえるのである。

次に、日本国語教育学会会長の倉澤栄吉氏が、拙著『子ども文化にみる綴方と作文』の宣伝用はがきに次のような「推薦の言葉」を寄せてくださったので引用しておく。

これまでの生活綴方の扱いは、思想と経済の史的考察に傾きすぎています。「文化」史として光を当てられた著者の業績は、「お見事」と申すほかございません。

作文綴方教育史としては、最近、兵庫教育大学の菅原稔氏の学位請求論文が刊行されましたが、これは兵庫県史。

著者のご近業は、近代日本の児童文化史。感銘いたしました。

また、作文と綴方と児童文学との「三位一体」化を志向される著者の「子ども文化」論は、学習材研究の今後を、方向づけてくださってもおります。

（日本国語教育学会会長　倉澤栄吉）

児童文学を含む子ども文化は、小学校の国語科教育と密接にかかわっている。子ども文化とのかかわりについて、今後も私なりに論及していくつもりである。二十一世紀の国語科教育のありようは、子ども文化との接点をより明確にした研究によって拓けていく。そう私は確信している。

児童文学を含む子ども文化は、国語科という教科とは無縁であるとして、今日まで等閑視してきた国語教育のありようを、改革していくことこそ二十一世紀の最大の課題でもある。これは小学校の国語科教育のありようの、問題である。児童文学は〈教科専門〉に位置づけるべきである。

実はこの「教科専門」と「教科教育」の区別を無くそうという、不穏な動きが最近になって目に付くようになった。国語学、国文学、漢文学に教科の概念が見当たらないから、区別を無くそうというのである。このような考え方の反映が、中学校および高等学校の国語教科書から文学教材が激減したという現象だといえるだろう。

言語にかかわる教材は国語学そのものだし、古典文学の教材と近代文学・現代文学の教材は国文学そのものなのである。漢詩や『論語』等の教材は漢文学そのものなのである。

二十一世紀の国語科教育のありようは、あらためて「教科専門」と「教科教育」の両立を前提とした融合について考えることだといえる。そして説明文あるいは説明的文章などという、不可解な教材を排除して、ノン・フィクションという分野を視野に入れた、「教科専門」のありようと「教科教育」のありようを考えることが、二十一世紀の国語科教育の存在を問うことになるのだと私は考えている。

ところで、小学校の国語教科書から古典文学の現代語訳の教材が消えて久しい。二十一世紀の国語科教育を担う「教科専門」の役割のひとつに、昭和二十年代から昭和三十年代にかけて、夥しく出版された古典文学の現代語訳の再評価の問題がある。

中学校での古典文学の学習に必要なのは、小学生の段階で古典文学の素養を身につけておくことだといえる。この問題については、「小学生に必要な古典文学の素養」と題して、拙著『子ども文化と教育のひずみ』（高文堂出版社　平成八・一二）の中で論じてある。この論文は書き下ろしである。

大平浩哉「古典教育の『構造改革』とレゾンデートル（『国語教室』第七三号　大修館書店　平成一四・五）で、大平は「小学校段階で、児童向けにリライトした説話や物語などをたくさん与え、古典の世界に親しませるべきだと考えてきた。」と論じているが、私は、その約六年前に古典文学の現代語訳のリストと共に、同様の提言を田辺聖子訳『竹取物語』と鈴木三重吉訳『かぐや姫』の比較を通しておこなった。鈴木三重吉訳は児童書だが、田辺聖子訳に劣らぬ優れた現代語訳であることを論証してある。

国語科教育の二十一世紀を探るために、古典文学の現代語訳の再評価を、今こそおこなうべきであること、再度小学生に古典文学の素養を身に付けさせることが、二十一世紀を歩みはじめた今こそ必要なことなのだと提言しておく。この問題こそ、二十一世紀の国語科教育のありようをめぐる、最重要課題なのだといえるのである。もちろん、落ちこぼしをどのようにして救うかも、最重要課題だといえる。

（岡田純也教授退職記念お祝い準備会編『岡田純也著作選集別巻　わすれな草』ＫＴＣ中央出版　二〇〇五年五月　削除・加筆・副題を変更してあることを附記しておく）

Ⅱ　教育と文化・二十一世紀の問題

これからの国語教室
——教師の資質向上を望む——

これからの国語教室は教師の資質を高めることにあるといえる。さまざまな教育の病弊を克服するためにも、教師の資質の向上は必要である。

平成十年十二月二十一日に、総務庁が発表した「義務教育諸学校などに関する行政監察」の結果によると、全国の公立小・中学校で起きたいじめのうち、教師が発見できたのは、たったの二十七パーセントだという。

教師にいじめが見えないのではない。見ようとしないのである。その理由は、自主性の尊重イコール放任主義という、学校教育現場にある。

放任主義であるにもかかわらず、自主性を尊重しているとうそぶく教師こそ、資質を向上する努力が必要だ。そういう教師は、児童・生徒の傲慢なわがままを、個性だと錯覚している。それでは豊かな国語教室の創造はできない。個性の尊重とは何かを、あらためて問わなければならないのが今なのである。

教師の資質にかかわって、平成十年十二月五日付『産経新聞』(朝刊)の、次のような記事が気になった。見出しに「骨折のウサギを放置、半畳にニワトリとヒヨコ四〇羽……/惨状改善へ獣医らが動く/学校での動物飼育/知識乏しい教師増え……/文部省も手引き書配布へ」とある。記事は次のように報じている。

「たとえばウサギはオス同士の争いが激しく、狭い小屋で多くを飼えば必ず傷つくオスが出てくる。また『命の勉強』と称して無制限に出産させ、飼っている匹数すら分からなくなっている学校もある。（中略）

獣医師たちは「教育のために行っている学校での動物飼育が、子供たちが『悲惨な動物』を見慣れてしまう状況を作っている」（中川さん　引用者注・日本小動物獣医師会・学校飼育動物委員会副委員長）ことを懸念している。（中略）

関係者が状況改善に動くきっかけになったのは、昨年、大宮市で小学校教師が子ウサギを児童の目の前で生き埋めにした『事件』。

ウサギ小屋に週末に大量の野菜を入れ、そのまま月曜日まで放置し、土日を腐った野菜と水なしの環境にしてしまうという。このような非常識は、文部省の動物飼育に関する教師用の指導手引き書では是正できまい。

全国の小学校の六割以上でなんらかの動物が飼われているという。飼育にかかわる非常識な教師も多いのだろう。人間の生き方を問う文学教材の扱いは、どうなっているのだろうと気になる。手引き書より、獣医岩丸のマンガを推めたらどうだろう。教師にとって遊びも重要だ。

遊びにかかわって、落合恵子さんの「『学級崩壊』という言葉が広げる闇」（『読売新聞』朝刊　平成一一年二月八日付）の主張に賛成だ。落合は〈学ぶことが、知識のテストで「測られる」あいだは学校は変わらない、と知り合いの教師は悲観的である。かつて、本を読むというのは「あそび」だった。それを「勉強」に組み入れたあたりから、子どもの「王国」は遠のいたのではないか、と思うことがある。そう言えば、子どもは「あそび」から離れてしまった。友だちと遊ぶ、学校で、家で遊ぶ、地域で遊ぶ……。あそびの復権が「学級崩壊」のヒントにならないか、と思いをはせるのだが。〉と書いている。

教師にとっても児童・生徒にとっても、遊びの復権は重要だ。教師は遊びを通して資質の向上を考えてみてはどうだろう。そして、常識を養うことだ。資質の向上がなされれば、動物飼育による本当の情操教育と豊かな国語教室が生まれるだろう。

（『平成十年度　東京学芸大学国語教育学会　研究紀要』東京学芸大学国語教育学会　二〇〇〇年七月十五日）

小学校教師に欠けているもの
——教材を作品として捉える視座を——

幼年童話は詩（童謡）と童話の融合したもの、というのが北川幸比古氏の考えだが、幼年童話の元祖といえば浜田広介である。その幼年童話の伝統は脈々と続いている。しかし、北川氏の考えにある詩と童話の融合が忘れられて、しつけ話や道徳的なお話イコール幼年童話という考え方が今日的で、文学（児童文学）とはあまりにもかけ離れたものになってしまっている。

童話の源は昔話にあるというのは、すでに常識となっている。童謡の源もまた昔話にあると言ったら、言いすぎだろうか。明治期の唱歌が少年詩と少女詩を形成する出発点にある。童謡の出発点もまた、唱歌にあると考えることができる。

童謡の源流を明治時代に出版された『幼年唱歌』（明三三）に求めることも、あながち誤りだとはいえまい。『幼年唱歌』は昔話と音楽の融合によって生まれ、今日まで歌い継がれている。「浦島太郎」「一寸法師」「桃太郎」などがそれである。「桃太郎」は幼年唱歌と文部省唱歌の二種類がある。

幼年唱歌は次のとおりである。

　　モモタロウ　　　　田辺友三郎

一、　モモカラウマレタ、モモタロウ、
　　キハヤサシクテ、チカラモチ、

オニガシマヲバ、ウタントテ、
イサンデイエヲ、デカケタリ。

二、ニッポンイチノ、キビダンゴ、
ナサケニツキクル、イヌトサル、
キジモモロウテ、オトモスル、
イソゲヤモノドモ、オクルナヨ。

（以下略）

（堀内敬三・井上武士編　『日本唱歌集』　岩波文庫　昭三三・一二）

また、文部省唱歌は次のとおりである。

一、桃太郎さん桃太郎さん、
お腰につけた黍団子、
一つわたしに下さいな。

二、やりましょうやりましょう
これから鬼の征伐に、
ついて行くならやりましょう。

（以下略）

（『日本唱歌集』　岩波文庫　前出）

いずれにしても、唱歌が昔話と音楽が融合して、成り立っているということは確かである。幼年唱歌がお話であったというふうにとらえ、唱歌が教育と結びついていたことを考えあわせると、お話としての要素があることも事実として考えておかなければならない。
三木露風の童謡「赤蜻蛉」はまさにドラマである。

赤蜻蛉　　　三木露風

夕焼、小焼の
あかとんぼ
負われて見たのは
いつの日か。

山の畑の
桑の実を
小籠に摘んだは
まぼろしか。

十五で姐やは
嫁に行き
お里のたよりも
絶えはてた。

夕やけ小やけの
赤とんぼ
とまっているよ
竿の先。

（与田準一編　『日本童謡集』　岩波文庫　昭三三・一二）

物語、お話の世界と結びついた唱歌の世界を、オリジナルな幼年童話として確立させたのが浜田広介だといえる。その広介童謡を『浜田広介全集　第十一巻』（集英社　昭五一・八）でみてみよう。
まず、「もしもめだかに」という童謡を引用しよう。

もしもめだかに

もしも　めだかに
なれるなら
およいで　あそぼ
春の　川

赤い　はなびら
おいかけて
いけば　海へも

いかれよか

海は　どんなに
ひろいだろ
大きな　夕やけ
赤いだろ

いいな　海まで
とおくまで
あぶく　ふき　ふき
いきたいな

この広介童謡を読んで、広介童話「花びらの旅」を思い出した。広介の童謡は二百三十一篇あり、そのうちの六篇は昔話を童謡にした作品である。「もしもめだかに」が広介童話「花びらの旅」と重なるということを考えあわせると、広介の幼年童話の根っこは、昔話にあるといえるのかもしれない。

広介の童謡に「かりゅうどさん」という作品がある。

かりゅうどさん
かちかち　おやまに
かれやまに

こんこん　ふるゆき
まだ　二がつ
まだまだ　うさぎは
ゆきのなか
となりの　たぬきも
あなのなか

ねんねん　ねくらべ
ゆめくらべ
それとは　しらずに
かりゅうどさん

てっぽう　かついで
おりました
かちかち　おやまを
かれやまを

昔話の残酷さが広介のやさしさで包まれている童謡で、昔話「かちかちやま」の世界に読者を誘うそういう作品である。その意味で広介の童謡は、幼年童話と同質だといえるのかもしれない。

広介の童謡には描かれていないその裏側、子どもの認識の中にある昔話の世界へ誘う童謡が、広介の童謡なのかもしれない。広介の「桃太郎」という童謡もそうである。

桃太郎

むかしむかしの桃太郎
桃からうまれて　まだ二日
お目目があいても
どこ見てる
雀がチッチと来て鳴くに

むかしむかしの桃太郎
はだかでうまれて　まだ三日
うぶ湯のたらいで
なに見てる
櫻がお庭に咲いてるに

子どもへのやさしさ、教訓や道徳という枠組みに捉われない大人の眼を持った人が、童謡と同質の幼年童話がかけるのだといえる。浜田広介の童話作家としての、どのような資質が童謡と融合した幼年童話を生んだのかの解明は今後の研究課題である。

小学校の教師に堀山欽哉という人が居た。東京学芸大学附属大泉小学校の教諭で、児童雑誌『少年少女』（中央公論社）で作文教育にかかわった。同小学校で学校行事にかかわっていくつかの詩を書いている。その中のひとつに「きくまつり」という詩がある。昭和二十年代の作詞と推定される詩で、作品は以下のとおりである。二〇一〇年の今も歌われている。

きくまつり　　　　堀山欽哉・作詞
　　　　　　　　　広瀬鉄雄・作曲

一、ある日あるときかだんのさくで
すずめの親子がはなしてた
ホラホラぼうやみてごらん
チューリップがきれいにさいているよ
　のわきのふいたさむい日に
　きゅうこんうえた子供らの
　どりょくの花がさいたんだ
さくらの花がちらちらと
すずめのかたにのっかった

二番略

三、ある日あるときかだんの下で
もぐらの親子がはなしてた
ホラホラぼうやみてごらん
　おいもがおおきくふくらんだ
つるをかえした子供らの
　くろうとあせのかたまりだ
土のぬくみがほんのりと
もぐらのはなをくすぐった

四、きっといまごろ校舎のやねで
おながの親子がはなしてる
ホラホラぼうやみてごらん
おみみをすましてごらんなさい
　たのしいうたがきこえてくるわ
　にこにこわらうこえもする
　きょうはみんなのきくまつり
すっきりすんだあきの日を
きくのかおりがにじんでる。

まさにお話そのものである。国語科教育に必要なのは、このような物語詩なのかもしれない。詩を教えるのはむずかしいという話をよく聞く。国語科教育にかかわる人たちが、SF童話に人生（登場人物の心情）の生き方を探してきたように、教育現場の教師自身がやたらむずかしく詩を考えすぎるのかもしれない。

このように考えてくると、東京学芸大学のピーク制は最も重要な存在だといえる。詩の何たるかを学生が考えられるからだ。谷川俊太郎の『ことばあそびうた』を小学校で教えられないのはあたりまえで、あの詩が理解できるのは高校生なのである。谷川俊太郎の詩『ことばあそびうた』はそういう存在なのである。

教材として考える以前に、作品として考えるべきなのである。文学教材は国語科の教材として書かれたのではなく、作品として書かれているのである。必要なのは文学研究なのである。国語科教育は文学研究を等閑視している。早急にその打破が必要だと私は考えている。

教材としてではなく、作品として捉えるべきだという問題提起は、拙著『国語教育の創造と読書』（日本書籍　平成三年二月）所収の論文、「文学研究と国語教育——谷川俊太郎『ことばあそびうた』をめぐって——」で論じてある。

（『野の馬』第十七号　東京学芸大学国語国文学会児童文学研究ゼミ　二〇〇二年十一月　原題「国語教育と唱歌・童謡」）

学校教育の今日的課題
——自由の尊重が自由放任に——

文部大臣の諮問機関である生涯学習審議会は、平成十一年六月九日に学習塾を民間教育事業の一つとして認知したうえで、学校教育の改善を図るべきだとする答申を有馬朗人文部大臣に提出した。生涯学習審議会は、これまで小学生の学習塾通いと、学校教育のあり方等について検討してきたわけだが、その結論が学習塾の認知というわけだ。

ことほど左様に簡単なわけではない。問題は補習塾の存在理由だ。補習塾について答申では〈その指導によって子どもたちが『学校の授業がわかるようになった』とか『勉強に興味、関心をもつようになった』などの評価を受けているものもある〉と位置づけている。

補習塾が学校教育を補完する機能をもっているとしたわけ、補完されている学校教育とは何なのだろう。第一義的には学校教育がわかる授業、勉強に興味、関心をもたせるべきなのである。補完を必要としない教育を児童・生徒におこなうべきである。

児童・生徒の補習塾通いは、学校教育で落ちこぼされたためなのである。学校教育が落ちこぼしを生まないことがまず前提にあるべきだ。落ちこぼしが救えないままに〈生きる力〉だとか〈共生〉だとかの問題が、かまびすしく論じられていることこそ問題だ。

落ちこぼされた児童・生徒は、生きる力さえ身につけられないまま義務教育を修了することになる。そういう児童・生徒は社会人となった時、可能性すら持たされずに一生を人に使われる立場ですごすことになる。このことは拙著『国語教育と戦後民主主義のひずみ』（高文堂出版社・平成一一年）で論じておいた。すべての児童・生徒が多くの可能性を持って社会人となれるよう、学校教育は責任のある教育をすべきだ。

落ちこぼしも含めた学校教育の荒廃は、児童・生徒の自由や個性の尊重が、学校でも家庭でも自由放任のままにされているからだ。

（隔月刊『あすぱる』第二号　河北出版株式会社　二〇〇〇年三月十五日　原題・自由の尊重が自由放任に）

国語科教育に必要な論争

――疑義は疑義としての議論を――

教育職員養成審議会が平成十一年末に出した第三次答申を受けて、文部省は平成十二年度の夏ごろをめどに「教員養成における大学と教育委員会の連携の在り方に関する調査研究協力者会議」を発足させるという。

それはそれで賛成なのだが、検討内容にある教員養成カリキュラムの改善が問題だ。教育職員養成審議会の答申にある、大学と教育委員会が積極的に連携することにより、大学学部や大学院のカリキュラムを現場のニーズをふまえたものにするということを受けてのことなのだが、〈大学学部や大学院のカリキュラムを現場のニーズをふまえたもの〉にすることに疑義がある。

現場のニーズをふまえたカリキュラムによる養成では、さらに落ちこぼしの増えることは必至である。落ちこぼしが救えないまま、生きる力の育成が学校教育の場で考えられている。落ちこぼされた児童・生徒は、生きる力を考える力さえ無いといえるのだ。落ちこぼされた時点で、生きる力さえ喪失しているはずだ。そのような児童・生徒に対する生きる力の育成は無理だ。

教育職員養成審議会、略して教養審はなぜ落ちこぼしを救うための、大学学部や大学院のカリキュラム改善を提言しないのだろう。教育委員会が教員研修などの際に大学を活用する必要性を指摘した、教養審の答申には賛成だが、なぜ教養審は落ちこぼしを救うための教員研修という発想を持たないのか。持つべきである。

『月刊国語教育』（東京法令出版　平一一・一二）の「読書案内」で、大熊徹は田近洵一著『増補版戦後国語教育問題史』について、〈戦後文学教育を窓口として国語教育あるいは広く教育そのものの在り方を問い、その内容は極めて密度が高い。研究者、実践家ともに腰を据えて読みたい名著である。〉としている。しかし、拙著『国語教育と戦後民主主義のひずみ』（高文堂出版社）では、田近の本について〈今日の小・中・高校生としての娯楽としての読書について、あい変らず低俗文化というレッテルを貼っている。それを見直さないかぎり、私は一九九〇年代そして二十一世紀の文学教育は成立しないと考えている。大衆文学と大衆児童文学を視野に入れた文学教育のありようを考えることが必要だ。当時の状況を確かにとらえているのだが、〈低俗文化〉とは何であったのかを、明確にする必要があるのではないか。〉と論じた。

相対する評価を紹介したが、その価値判断は読者に委ねたい。私が言いたいのは疑義は疑義としてはっきりと発言し、議論することが必要だということなのだ。問題点が明確にならないまま、時流に流されてしまっているらしい、国語科教育研究の現状を打破しないかぎり、児童・生徒にとっての明るい未来はない。そんな思いに駆られている。

疑義が生じるのは理解が充分になされていない、と思われる文章を読んだ時である。自明の理として、書かれていない文章に出会った時に疑義が生まれる。

自明の理ということで言えば、『小学校学習指導要領解説・総則編』に記されている、〈児童の自己評価や相互評価〉の相互評価は、〈児童相互の評価〉と読むべきだ。自己評価も相互評価も児童主体の評価なのである。そのように読むべきだ。そうした基盤のうえに教師の評価が出てくるのである。児童主体の評価のみというのでは、放任そのものになってしまう。
このように考えると、平成十年七月に出された教育課程審議会の「答申にある、総合的な学習の時間の評価は〈評定は行わず、所見等を記述する〉という、その〈所見等〉が明確になるのである。

（『文学と教育の会会報』第三十八号　文学と教育の会　二〇〇〇年三月三十日　原題「風見鶏Ⅱ　寅さん」）

国語教育研究における盗用の問題

——文章を書くことの意味を考える——

文章を書くということはどういうことか。長年の経験と学問（学習）によるところが大であることは言うまでもない。そこから主張が生まれてくるのである。そこからアイディアが生まれてくるのである。娯楽としての読書にかかわって、他者の主張やアイディアが、あたかも自らの主張やアイディアでもあるかのごとき文章に出あったが、それはいただけない。雑誌「教育科学国語教育」に掲載された文章で、平成十年八月と翌平成十一年八月のことである。この文章以外には無いと信じている。私は他者と己の主張とアイディアの違いを明確にした文章を綴ってきたのだが、支離滅裂な文章の中に主張やアイディアを剽窃・盗用されていることを発見した時の、腹立たしさと怒りはどうにもおさまりがつかない。私の東京学芸大学での在職中のすべての論文をしっかりと読んでいるのであろう。そのことが見え隠れしている。

卒業論文にかかわって、学生にもよく言うことのひとつに次のようなことがある。教材研究をとことんやって、教育実習の教壇に立った時の考え方や心構えと、卒業論文を書く時の考え方や心構えとは違うぞということだ。

前者は他者の意見や考え方も、己の意見や考え方もないまぜにして、あたかも自分の考えであるかのように、教室で児童・生徒を前にふるまえるし、ふるまう。しかし、卒業論文ではそうはいかない。他者と己の意見が全く同じだとするならば、その意見の出所を明確にすべきだと私は指導している。

いわんやいい年をした大人が、教育実習生と同じ態度で文章を綴るなどとはもってのほかである。文章の内容が支離滅裂だから、いずれは底が割れるだろうから、放っておけばいいわけだが、そういう文章を綴る研究者の増えることが心配なので記しておく。活字化された文章については活字で答えるべきだと私は考えているからだ。

具体的に誰のどの文章などと、野暮なことは書かないが、誌名と年月のみは記した。研究者を志す若い世代の人たちの教訓としてもらえればと考えてのことなのである。読む人が読めばわかるはずだ。

アイディアや主張は先に書いた方が勝ち、ということも若い研究者には常に私は言っている。底が割れるというのは、いずれ盗用のアイディアと主張の出所は明確になるということなのだ。その意味で先に書いておけということなのだ。そうそう同じ主張はない。

いやいや私の文章は評論だから、他者だろうが己だろうがその区別を明らかにする必要はないなどと、戯れ言が聞こえてくる。研究だろうが評論だろうが随筆だろうが、礼儀というものがあろう。それは文章作法だ。

衣食足って栄辱を知るということわざがある。なにごとにも餓えていて渇望していると、なりふりかまわなくなるのかもしれない。衣食足りてというのは、アイディアや主張が満を持してと置きかえて考えられよう。

つまり、アイディアや主張などが満を持していれば、栄辱を知ることができるが、アイディアや主張が涸れてくると、なりふりかまわなくなるから栄辱を知ることができなくなる。他者の論理と己のみさかいもなく、自分の考え方あるいは論理だと、それを押し通そうとするから、栄辱を知ることができないのである。学恩に感謝できないのである。

持続は力なり、量は質に転換できるが質は量に転換できないということをつくづく感じたりしている。もっとも、質があればいいのだが、質もなにもない量もなにもないから、なりふりかまわずアイディアの盗用や剽窃が大手を振ってまかり通ることになるのだろう。

私の娯楽としての読書についての考え方は、拙著『マンガと読書のひずみ』現代ひずみ叢書12（高文堂出版社　平一〇・九）で論じてある。この本は既発表の文章で構成した。

馬鹿は何でもはっきりさせたがると言ったのは誰だったかは知らないが、馬鹿になりたくないのならはっきりさせない方がいいのかもしれない。坂田信弘と中原裕の「奈緒子」の中に、〈馬鹿の心は繊細で、阿呆の心は丈夫なんだとよ。〉というセリフがあった。はっきりさせずに、阿呆でいたほうが健康にいいのかもしれない。馬鹿にはなりたくない、やはり阿呆で丈夫でいたい。と、考えながら馬鹿になってしまった。

（『文学と教育の会会報』第三十九号　文学と教育の会　二〇〇〇年九月三十日　原題「風見鶏Ｉ　正義の味方」一部加筆）

子どもは変容したのか

――その本質はいつの時代も同じ――

いつの時代も子どもは同じということを、実感したのは平成十二年の三月六日の、東京学芸大学附属大泉小学校第四学年の社会科見学であった。東京都中央防波堤埋め立て処分場と船の科学館の見学で、私は船の科学館から、子どもたちと共に水上バスで日の出桟橋に向かった。

子どもたちは船から見える景色の観察に余念がない。しばらくして、次のような替え歌が聞こえてきた。数人の女子が歌っていたその歌を、しおりに書いてもらった通りに次に記す。

あかりをつけましょう　ばくだんに
どかんと一発　はげ頭
五人ばやしが　死んじゃった
今日は、楽しいおそうしき

この替え歌の元歌は「うれしいひな祭り」という童謡で、サトウ・ハチロー作詞、河村光陽が作曲したもので、昭和十一年にポリドール・レコードから発売された。

元歌は戦前の童謡だが、替え歌は戦後の誕生である。では菊の子の女子が歌っていた替え歌は、いつ頃の誕生なのだろうか。

鳥越信著『子どもの替え歌傑作集』（平凡社　一九九八・七）という本がある。鳥越はこの本に附属の子どもの替え歌と、同じ歌詞のものを収録している。ただし、附属の子が歌っていた〈五人ばやしが死んじゃった／今日は、楽しい　おそうしき〉は、鳥越の収録した替え歌では、〈五人ばやしは　人殺し／今日は悲しい　お葬式〉となっている。鳥越信は同書で、さまざまな替え歌のバリエーションがあることを指摘している。

この替え歌は一九八〇年代に入って生まれたと、鳥越信は次のように述べている。

一九八〇年代に入って、この替え歌が生まれた。私が耳にしたのはここ数年のことなので、八〇年代も後半の誕生と思われる。私が大阪府下の小学生から採集したものだけを見ても、一行目はすべて同じだが、二行目は「お花をあげましょう枯れた花」または「毒の花」がかなりあって、「どかんと……」と肩を並べている。

三行めになると同じ「五人ばやしは死んじゃった」のほかに、「五人ばやしは笛持ってない」「五人ばやしの殺しあい」「五人ばやしは首とれて」「五人ギャングにおそわれて」などがあり、四行めも「悲しい」「楽しい」「うれしい」のほかに「むなしい」もかなり見られた。

附属の子の歌っていた替え歌は、八〇年代後半の誕生ということのようだ。また、鳥越信によれば、附属の子も歌っていた「爆弾」の登場は、一九八六、七年頃（昭和六十一、二年頃）のことで、湾岸戦争がきっかけで広がったのではないかと推測している。

昭和四十年から昭和四十二年頃にかけて誕生した替え歌に、次のようなものがある。

あかりをつけましょ　百ワット
お花をあげましょ　若乃花

五人ばやしの　グレン隊
今日は楽しい　なぐりこみ

あかりをつけたら　消えちゃった
お花をあげたら　枯れちゃった
五人ばやしは　死んじゃった
今日は悲しい　お葬式

東京学芸大学附属小学校の子どもたちだけでなく、一九六五年あたりにまでさかのぼって、替え歌がうたわれていたのである。このようにみてくると、いつの時代も子どもの本質は変化してはいない、いつの時代の子どもたちも同じなのだといえる。かまびすしく言われる子どもが変化したことの根拠はどこにあるのか。

（『文学と教育の会会報』第三十九号　文学と教育の会　二〇〇〇年九月三十日　原題「風見鶏Ⅱ」）

教師は子ども文化を視野に入れよ

児童文化とは、子ども文化のことである。子ども文化には学校教育のなかに位置する文化と、学校教育（学校文化）とはまったく無縁の文化とがある。たとえばマンガでいえば、前者は伝記などを描いた教育マンガ、つまり教養としての子ども文化であり、後者は『少年ジャンプ』や『りぼん』などの娯楽としてのマンガ、つまり娯楽としての子ども文化である。これらの子ども文化は、大人が子どものために与える子ども文化と、子どもみずからが創造した子ども文化とに大別できる。子どもみずからが創造した子ども文化は、子どもの詩（児童詩）、少年少女雑誌への投稿などの、子ども自身の創造的所産である。大人が子どものために与える子ども文化は、児童劇、アニメーション、児童・少年少女向け雑誌、各種のゲーム、マンガなどである。教師はこのような子ども文化にしっかりと眼を向けるべきである。

学校文化にかかわる子ども文化（児童文化）は、児童文化施設、児童文化運動、児童文化活動の組織などともかかわる。児童文化施設とは、児童図書館、博物館など。また、児童福祉施設も視野に入れて子ども文化を考察しなければならない。

児童文化運動とは、親と子の二十分間読書運動、子ども文化社会学会の活動などの各種学会の活動などである。

児童文化活動の組織としては、地域の子ども会、ボーイスカウト、ガールスカウトなどがある。これらのさまざまな組織でのさまざまな活動は、子どもみずからが創造した子ども文化、大人が子どものために与える子ども文化、児童文化施設、児童福祉施設、児童文化運動などと密接なつながりをもつ。子どもの読書にかかわって、読書の問題が国会で審議されたことは、特筆すべきことである。一九九九年八月の衆参両院本会議で、東京都上野公園に「国際子ども図書館」が開館する西暦二〇〇〇年を、「子ども読書年」とすることが全会一致で決議された問題である。

児童文化運動は、大正デモクラシーの思潮とともに高まりをみせた。その顕著な現れが、エレン・ケイの『児童の世紀』の出版であり、童話と童謡の雑誌『赤い鳥』の創刊であり、新教育運動の提唱であった。昭和初期にはプロレタリア児童文化運動が起こり、その延長線上で戸塚廉、城戸幡太郎、山下俊郎、菅忠道らが児童文化論の提唱を行った。

第二次世界大戦によって児童文化運動も弾圧を受け、日本少国民文化協会の結成とともに国家体制下に組みこまれた。戦後、児童文学者協会の結成によって、児童文化面における民主化の動きが活発に展開された。一九四六（昭和二十一）年に後藤楢根によって結成された、日本童話会の新児童文化運動にも注目すべきである。機関誌『童話』を創刊し、倉澤栄吉、永井鱗太郎、滑川道夫、藤沢衛彦、波多野完治、吉田甲子太郎、坪田譲治らが活動した。

文献としては、上笙一郎『児童文化の森』大空社、一九九四／古田足日『子ども文化』久山社、一九九七／拙著『子ども文化と教育のひずみ』高文堂出版社、一九九七などが参考になる。

（日本国語教育学会編『国語教育辞典』朝倉書店　二〇〇一年八月　原題「児童文化」）

マンガも読書

昭和六十年つまり一九八五年から、マンガも読書という考え方を、認めるべきだという主張をしてきた。しかし、誰も振り向いてはくれなかった。私の考え方に耳を傾けないというのは、マンガは通俗、通俗だから俗悪、俗悪だから悪書という考え方が、いかに世間一般や教育界に定着しているかの証である。

マンガには娯楽としてのマンガと、学習マンガがある。前者が悪書で後者が良書という考え方が一般的だ。学習マンガほどつまらないものはない。

子どもたちは娯楽としてのマンガを、楽しく読んでいる。マンガを含めた娯楽としての読書を、積極的に勧める必要がある。そこで、マンガを含めた娯楽としての読書と、国語教育とのかかわりについて、私なりの考え方を示すことにする。

第一に子どもが日常生活の中で楽しんでいる、マンガや読み物を教材として取り入れる必要があるということ。これは子どもたちの学習意欲の促進につながる。

第二に娯楽としてのマンガも読書、という認識をもつことが重要だということ。マンガは見るもので読むものではないと、世間一般では考えられている。だから学習マンガが良書という認識になるのだろう。

現代のマンガは絵を見ながらコマを追うだけで、ストーリーがわかるようになっている。それでは『コロコロコミック』も『りぼん』も『なかよし』も、二十分くらいで見終ることになる。しかし、しっかりと読むと一時間以上はかかる。これが実は大事なのだ。

国語科という教科があらゆる教科の学習の基礎になる、わかる力を育成するのだという考え方があるが、国語科では担えない。一学期はまるごと国語ということならばわかる。潜在的なわかる力が必要なのである。国語も含めて潜在的なわかる力は、マンガを読書することによって身につくのである。マンガも読書という認識が必要なのだ。

このように大上段に構えて主張できるのは、本書第Ⅰ部「二十一世紀の国語教育の課題と提言」という私の考え方の基盤があるからだ。

読書指導が過去にどのようにおこなわれていたのかを、一九七五年に調査して「児童文化に関する研究文献目録」を作成した。この目録は拙著『増補　幼児教育のための児童文学―子ども文化と絵本・幼年童話』（高文堂出版社）に収録してある。

文献目録は大正五年から昭和五十四年までのものを調査し、四本の柱をたててまとめた。すなわち、児童文化に関するもの六十三点、マスコミ・マンガ・子どもに関するもの七十九点、読書指導・文学教育に関するもの九十七点である。これらの文献はすべて娯楽としての読書にかかわる、マンガと大衆児童文学の全否定であった。

また、この目録には児童文化と児童文学に関する特集雑誌も取りあげてある。昭和二年から昭和五十四年までの特集雑誌で、読書に関する特集も取りあげてある。

例えば、『改造』の昭和二年八月発行の特集は「少年少女の読物選択について」だが、娯楽としての読書の全否定であった。この雑誌の特集については、「大衆児童文学の昭和史序説――『改造』の少年小説・少女小説批判」（『文学と教育』第37集　文学と教育の会　平成一一年六月）として論じてある。以下に読書に関する特集を記す。
特集「子供と読書」(『児童』泰光館　昭和二二年七月)
特集「児童読物の分析」(『児童心理』金子書房　昭和二八年一一月)
特集「読書指導はこれでよいのか」(『実践国語』穂波出版　昭和二九年一一月)
特集「読書指導」(『児童心理』金子書房　昭和三七年八月)
特集「本を読む子・読まない子」(『児童心理』金子書房　昭和四一年一〇月)
特集「本の選び方・読ませ方」(『児童心理』金子書房　昭和四五年七月)
特集「子どもの良書・悪書」(『学級経営』明治図書　昭和四六年一〇月)
特集「子どもの生活と読書」(『児童心理』金子書房　昭和四七年一二月)
特集「読書と子ども」(『児童心理』金子書房　昭和五一年七月)

これらすべての特集が、娯楽としての読書の全否定で、マンガも読書という視点は微塵もない。そこで私なりの読書論をまとめることにした。「読書論――戦後否定されたロマンを読書に――」と「読書論――悪書追放運動の意味するもの――」がそれで、拙著『国語教育の理論と課題』(高文堂出版社　昭和六二年九月)に収録してある。前者では少年のための冒険小説の変容と今後の展望をふまえて、昭和二十年代の初頭におこなわれた、時代小説・少年講談・マンガによって封建的な考え方を学んでいるという批判は当を得たものではないこと、マンガ・冒険小説・時代小説・絵物語等を悪書とする批判もまた当を得ていないことを論じた。後者では少年少女のために娯楽としての読物を悪書とする、いわゆる悪書追放運動の動向について日刊紙の記事を、昭和三十年から昭和四十六年までを丹念に追って、新たな読書論の確立が必要であることを論じた。

基本的には大衆児童文学批判なのである。その批判は大衆児童文学の本質を、きちんとおさえてはいないのである。批判する以前にその本質をきちんとおさえるべきだと考えたわけだ。

江戸川乱歩の『怪人二十面相』等の大衆児童文学が、そこに漫然と存在していたわけではない。大衆児童文学には大衆児童文学としての歴史があるのである。その戦後の歴史を初めて解明したのが、拙稿「大衆児童文学の戦後史」（拙著『占領下の文壇作家と児童文学』高文堂出版社　平成一七・七）である。

ここでは「政治と児童文学論争の不毛――解放と敗戦という複眼から――」と「歴史の連続と断絶について――『鉄の町少年』と『ささぶね船長』のこと――」から書き起こして、「週刊誌時代とジュニア小説」までを論じた。

また、平成九年一月に書いた「学校図書館の充実と読書」（『月刊国語教育研究』第二九七号　日本国語教育学会）では、〈読書〉の定義の見直しが必要であり、マンガも〈読書〉と考えるべきであり、マンガやマルチメディアからどのような能力を培っているのかを解明すべきであると提言をおこなった。そのうえで、マンガはイメージを広げるのには限界があるという考え方に対して、決してそんなことはないのだという反論もおこなった。

マンガも読書という視点をふまえた、読書教育のありようの基盤作りは大きな研究課題であるといえる。その意味で、娯楽としての読書教育のありようについて提言した、拙著『読書教育と児童文学』（双文社出版　一九九〇年四月）の存在も、意味のあることだと自負している。

（『大法輪』第70巻第2号　大法輪閣　二〇〇三年二月一日　に加筆）

総合的学習の時間再考

平成十一年十一月に出版した拙著『国語教育と戦後民主主義のひずみ』(高文堂出版社)に、「総合的学習と国語教育」という文章と、「「総合的学習」とは何か――単元の形成という視点で考える――」という論文を収録してある。

これは教科を軸にした総合的学習の時間を考えるべきだという、国語科を例にした総合的学習の時間のありようについての提言である。小学校の教師は全科だが。中学校・高等学校の教師は専科である。とすると、中・高では教科を軸にして総合的学習を考えるべきなのである。全科であれば教科の枠を超えて考えられるであろうが、専科では無理がある。

教科の枠を超えて考えるのか、教科を軸にして考えるのかについてだが、平成十四年四月一日から施行された『小学校学習指導要領』と『中学校学習指導要領』、そして平成十五年四月一日から施行された『高等学校学習指導要領』の、『総合的な学習の時間』の項に〈教科〉という用語の記述はないのである。

平成二十三年および平成二十四年四月一日から施行される『小学校学習指導要領』および『中学校学習指導要領』の『総合的な学習の時間』では、〈教科等の枠を超えた〉と記述された。〈教科等の枠〉は教科書の枠組みと解釈できる。

教科に全く触れていなかったし、教科等の枠を教科書の枠組みと考えると、それを超えて考えても、教科書の枠を超えて教科を軸に考えてもいいわけだ。専科である中学校・高等学校の場合は、教科を軸に考えた方が総合的学習の時間の取り組みは容易である。教科を軸に考えられなかったことが、平成十五年十月七日の中央教育審議会の最終答申の、〈教育内容に乏しい授業が放置されたり、教諭の政治信条に基づいた偏向教育も散見されている。〉（『産経新聞』平十五・一〇・八）という指摘にあらわれたのだといえる。

私は単元の形成という視点で、総合的学習を考えるべきだという提言をおこなった。奇しくも、倉澤栄吉氏は「日本国語教育学会会報」第四十三号（平十二・十二）で次のように述べている。

総合（的）学習をという旗じるしが高く掲げられて、三年も経たないのに、早くも、嵐は過ぎたと言う人もある。私は「総合学習は単元学習である。」――逆も真、単元学習は総合学習である――と主張してきた。

学習指導要領には〈教科等の枠を超え〉てと記述されたわけだが、教科書の枠を超えていれば、教科を軸にした単元学習による総合的学習の設定が可能なのである。そのことを真剣に考える秋が今なのである。

平成二〇年三月二十八日に告示された、小学校および中学校の学習指導要領では「総合的な学習の時間」が、総則から独立して位置づけられた。そして、〈教科等の枠を超えた〉と次のように表記された。

（2）地域や学校、児童（引用者注・中学校では生徒）の実態に応じて、教科等の枠を超えた横断的・総合的な学習、探究的な学習、児童（引用者注・中学校では生徒）の興味・関心等に基づく学習など創意工夫を生かした教育活動を行うこと。

このように、〈教科等の枠を超え〉と明記されたのだから、従来から論じられてきたように教科の枠を超えて、総合的な学習を考えるべきだという主張が大手を振ってまかり通ることになる。

しかし、繰り返しになるが、考えてみなければならないのは、〈教科〉の概念・定義である。国語科でいえば教科というのは国語科教科書の枠組みが、その概念であり、教科の定義となるものだ。このように考えるのが妥当だ。

現行の教科書は小単元で構成されている。小単元の枠組みを超えればいいわけである。大単元による国語科教科書の構成は、現行の教科の枠組みを超えているのだから、大単元による国語科という教科の枠組みによる総合的な学習は、学習指導要領を逸脱したことにはならない。

昭和二十年代から昭和三十年代に発行された、大単元による構成の国語科教科書から学び、応用して教師各自が教科を軸にした総合的な学習を構築する秋が今なのである。まさしく単元の形成という視点による学習こそ、総合的な学習そのものなのである。

（『学芸国語教育研究』第二十一号　東京学芸大学国語科教育学研究室　二〇〇三年十二月一日　原題「巻頭言」に加筆）

情報技術社会の落とし穴

コンピュータ社会が我々人間に、我慢を強いているように思う。例えば、ＪＲ東日本の新宿駅構内での信号機故障で、西国分寺駅で足止めを食ったことがある。ある年の六月のことである。七月には武蔵野線新松戸駅あたりで、倒木による架線被害で、このときも足止めを食った。復旧の見込みは立たないという。倒木による架線被害事故は、天災で予測できないことで我慢をしなければならない、というのが北朝霞駅での状況であった。

暴風雨による鉄道の倒木被害は人災ではないのか。保線のための監視は常時実施されているわけで、暴風雨による倒木の可能性は予測できたはずで、やはり人災だと私は思う。

電車が走らない。走らせるとまた事故が起こるというのである。すべてがコンピュータ管理だから、電車を走らせることができないのである。すべてを手動に切り換えられないのである。北朝霞駅での駅員とのやりとりでわかった。

ポイント（転轍機）もコンピュータ管理なのであろう。手動できない構造なのだろう。タブレットと手旗信号で電車の運行は可能だと思うのだが、コンピュータ管理なので無理というわけなのだろう。じっと我慢の子でなければならないわけだが、災害対策が無視されているのである。

ＪＲ東日本の社員は、タブレットはご存知だろうか。鉄道博物館に行かなければわからないというのでは、ＪＲ東日本の安全管理も覚束無いということになる。タブレットとは単線鉄道の列車通行票なのだが、古い時代の遺物で今や無用の物なのだろうか。事故による列車・電車運行に必要なものと私は考えるのだが……。鉄道の災害対策の必需品だ。

情報技術（インフォメーション＝テクノロジー）信仰が、復旧の遅れに拍車をかけているのだ。その典型的な事故が、二〇〇六（平成十八）年九月二十八日に発生した、ＪＲ東京駅地下の京葉線変電所と信号通信機器室のぼやだ。

九時間にわたっての交通麻痺におちいったのだが、運転再開までなぜ九時間もかかったのだろうか。

復旧の遅れは信号通信機器室の機能をすべてバックアップできる態勢がなかったからだということだが、態勢を確立させることを、してこなかったＪＲ東日本の怠慢が、乗客に大きな損害を与えたのだといえる。

さらにＪＲ東日本は「手動で信号とポイントを操作するしかなく、全面復旧のめどは立っていない」と、当日語っている。これもＪＲ東日本の怠慢だ。手動で信号とポイントを操作する技術を、駅職員が知らなかったのだろうし、指導も教育もしていなかったのだろう。

ＪＲ東日本は情報技術信仰を払拭し、命を預かっている鉄道事業なのだという認識を、しっかりともつべきである。経済効率優先の発想がここにもある。人間を忘れているのである。

事故防止大変結構なのだが、ＪＲ東日本では駅長の言動が事故誘発をもたらしかねないという危惧がある。人間の存在を無視している、具体例を示しておく。

西国分寺駅発新越谷駅行き最終電車は、中央線の到着と同時だ。駅員の放送は乗り換えの方お急ぎ下さいでホッとして急ぐ。一方で駅長は扉が閉まりますという放送なのだ。この一言で階段で転倒して怪我という事故につながる。駅長は扉が閉まりますというのは、お客様をお待ちしていますという意味だというが、扉が閉まりますにそんな意味は無い。

鉄道という公共の場で、矛盾した放送が流されている。これも日本語の乱れの一面だろう。二〇〇六（平成十八）年七月二十六日付で、文化庁の「国語に関する世論調査」の結果が発表された。そこには日本語の乱れへの懸念が示されていた。公共の場の放送こそ、心のこもった正しい日本語でおこなうべきであろう。駅員への乗客からの暴行は、私鉄は皆無に近いのにJR東日本は多発というのはそのせいかも。

あれこれ書いたが、〈発想の転換〉というのは、こういうことなのである。


（未発表）

有害図書とは何かの議論を

日本PTA全国協議会による、性や暴力を露骨に描写したり興味本位で取り上げる、〈有害図書〉に接触したことがある児童・生徒に対する調査結果が、二〇〇六（平成十八）年六月五日付『産経新聞』に載っていた。

それによると、〈有害図書〉に接触した経験のある中学二年生が三十二・六パーセント、小学五年生が二十・六パーセントと報告されていた。その内訳に「暴力的な描写や残虐な画像があるもの」「他人の悪口や不快な言葉が出てくるもの」「アダルト画像など性的な描写があるもの」があげられていた。

〈画像〉とあるからゲームも〈有害図書〉の範疇に入れているのだろう。「アダルト画像」や「性的な描写」のあるものは、児童・生徒にとっては当然〈有害図書〉だが、〈暴力的な描写〉については一概に〈有害図書〉と断定することはいかがなものだろうか。

具体的にどのような作品を指しているのか不明だが、小学五年生から中学二年生が読んでいる冒険小説や探偵小説には暴力的な描写はかなりあるだろう。それらの作品も含めて〈有害図書〉として規制するのであれば異議がある。娯楽としての子どもたちの読書の否定に結びつくからだ。

一九三六（昭和十一）年二月に講談社から出版された、江戸川乱歩の『怪人二十面相』はポプラ社版で、二〇〇六年の今も多くの子どもたちに親しまれている。この作品には日本PTA全国協議会の調査項目にある、「暴力的な描写」や「他人の悪口や不快な言葉」が出てくる。江戸川乱歩の少年探偵団シリーズは決して有害図書ではない。子どもたちの娯楽としての読書の代表的な作品だといえる。

かつては子どもたちの娯楽としての読書の対象作品やマンガを悪書として追放してきた。〈悪書〉とは呼ばずに〈有害図書〉と呼称するようになったのは、二〇〇二（平成十四）年あたりからかもしれない。『少年ジャンプ』や『コロコロコミック』の連載マンガの中には暴力的な描写がある。これらの雑誌も〈有害図書〉なのだろうか。

日本ＰＴＡ全国協議会が、ゲームやマンガの影響についての、ＰＴＡの対策の方向性を保護者にたずねたところ、「有害図書の販売自主規制などを要望する」や「有害図書を区分陳列する運動を推進する」という回答が多かったという。

小学生が「アダルト画像などの性的な描写があるもの」に接触する場のあることは、絶対に悪いし接触させない方策を考えるべきだ。しかし、それが少年少女の週刊・月刊の娯楽雑誌の販売規制や、子どもたちの娯楽としての読書の全否定とならないことを望む。

（「学芸国語教育研究」第二十四号　東京学芸大学国語科教育学研究室　二〇〇六年十二月）

教科教育と教科専門のこと

一九八〇（昭和五十五）年四月に東京学芸大学に勤務して以来、二十七年間在職して定年を迎えた。初めて国語科教育の講義を担当することになり、戸惑いもあったが収穫も多々あった。児童文学研究ゼミの諸君が、機関紙『野の馬』を発行し続けてくれたことも嬉しい。復刊終刊号も出る。

最大の収穫は教科教育と教科専門の一体化というありようを前提に、教育と研究に専念できたことである。教科教育が教科専門と遊離していては、特に優秀な中・高の教員養成はできないことを実感した。

中学・高等学校の国語科の教師は、国語学、古典文学、近現代文学、漢文学という教科専門の素養が必要なのである。その基盤の上に学習指導要領に示された、各科目指導のありようをふまえて実践をする姿勢、その姿勢こそがまさしく教科教育と教科専門の一体化なのである。児童文学は小学校教員にとっての教科専門だと位置づけたいと私は考える。

これらのことにかかわって、小学校教員の養成では、私の研究の基盤である児童文学を軸に指導をしてきた。小学校国語科教科書の文学教材は、最初から教材として書かれてはいない。児童文学作品として創作されているのだという認識を、学生諸君は確かに持たなければならないと言ってきた。また、大衆児童文学（ジュニア小説を含む）の読書は、娯楽としての読書でそれを認めようとも言った。

どれだけの成果をあげられたかは心許無いが、定年後もこのような研究を持続させたい。

（「キャンパス通信」第一九八号　東京学芸大学学務部　二〇〇七年一月）

国語科教育の現状と今後
――東京学芸大学の児童文学の授業五十年などのこと――

教育の混迷をどのように打破するのか、あるいは新たな文化状況をどのように構築するのかは、現代社会のかかえている大きな課題だといえる。今を生きている我々は、さまざまな問題に対する自らの真情を、正直に吐露する必要がある。そういう文章を書くことが、心のこもった文章を書くことに結びつくのである。

虚飾、媚、誤謬をそのまま信じてしまうことは、教育の混迷の打破につながらないし、新たな文化状況の構築にはならない。そんな思いをもっている。

新たな方向をめざしているそのことや、そのものを破壊するような言動には注意をしていく必要がある。そんな思いも今私はもっている。

奇しくも、二〇〇八（平成二十）年六月十一日付『産経新聞』（朝刊）の「私の正名論」欄の、呉智英「言葉の誤読による糾弾」という文章が眼にとまった。呉智英はこの文章の冒頭に次のように記している。

良い目的のためなら誤った知識を流し無知を煽ることが許されるのか。古来から或るテーマだが、近代国家では許されることではない。なぜならば、国家意志は国民の総意によって決定されるからである。

仮に「良い決定」がされたとしてもそれが「無知」の上に成立しているなら、いずれツケが回って

くる。そのうち、無知は正義だ、ということになりかねない（中略）
言葉がわからず、従って歴史がわからず、従って文化がわからない。困った良識家ばかりだ。

呉智英は朝日新聞の社説を読んでこのように思ったと記している。これはマスコミのありようだけではなく、研究者のありようの批判でもあると私は感じた。そこで、言葉の誤りを正しておこうと考えたのである。

私は二〇〇七（平成十九）年三月末に定年退職した。定年退職に際して米谷茂則氏が代表となって、定年退職記念出版委員会編『研究とエッセー文学と教育の周縁――根本正義教授定年退職記念出版』（高文堂出版社　平成十八年十二月）を出版してくれた。そして、雑誌『学芸国語国文学』第三十九号（東京学芸大学国語国文学会　平成十九年三月）は、〈根本正義教授　退職記念号〉としての発行であった。

前者には〈根本正義先生の人柄を語る〉の企画があり、後者には私への送別の辞が掲載された。皆が心のこもった文章を寄せてくれて、ありがたかったしありがたく拝読した。

ただ、わだかまりの残った文章もあった。わざとなのか、それともそういう文章しか書けないのかと訝った。

大久保典夫先生は「馬鹿は何でもはっきりさせたがると言うが、つまらんことは放っておけ」と、常におっしゃっておられる。その通りなのだが、なんとも間尺にあわないというか、すっきりしない。しかし、コンビニで手にした本でこれだと思った。

その本はＰＨＰ新書三七七の山崎武也著『上品な人、下品な人』（ＰＨＰ　二〇〇六・一）である。文章を書く人に上品な人と下品な人が居ることに、納得し心が晴れた。何を納得したのかを録しておこうと思う。

なぜ録しておく必要があるのか。口頭で述べてもいいのだが、それは残らない。活字にしたものは残る。あちらがすでに活字にした文章があるのだから、それに対してこちらも活字で述べておくことにしたのである。

まずは、『研究とエッセー文学と教育の周縁』所収の「羅取屋」と題された文章についてである。学生時代から古本屋巡りが好きだったというこの執筆者は、名刺を渡した私に古書店主が「セドリヤだと思った」と言ったことを、〈羅取屋〉と漢字を当てはめて、『広辞苑』の説明を引く愚は訂正しておく必要があると私は考えたのである。

今ほど全国的に古書価が安定していなかったある時期、〈背取屋〉という商売が成立していた。本の背中（背表紙の背文字）を見て、瞬時に古書価を判断し、東京神田神保町の売値の十分の一あるいは七分の一あるいは半値等であれば、即購入して専門の古書店に売って利鞘を稼ぐ人、それが〈背取屋〉なのである。

〈背取屋〉の〈背〉は背表紙のことなのである。今やそんな商売は成り立たない。古書店でも〈背取屋〉を雇っていたこともある。『広辞苑』に用語として載る筈が無い。いわば流行語であり古書業界用語なのである。

インターネットの時代、古書店こそまさにインターネットで商売をして健在なのだといえるのかもしれない。インターネットでの商い、古書店主その人が今や背取屋の時代なのかもしれない。

二〇〇七（平成十九）年八月四日付の『産経新聞』（朝刊）の「きょうの言葉」欄に、足利尊氏の〈他人の悪をよく見る者は　己が悪これを見ず〉という言葉が載っていた。私は〈己の悪〉を全く見ていないわけではない。誤りは正しているつもりだ。

ただ、活字にした文章の中の誤りを正そうと思っているが、まだ正していないものがひとつだけある。二〇〇一（平成十三）年六月に出版した『詩と童謡の校長歳時記Ⅰ』（らくだ出版）の、「五月十日　夏を感じるということ」で紹介した、佐々木信綱の唱歌「夏は来ぬ」の説明の誤りのことである。

第五連の〈さつきやみ蛍とびかひ〉の〈さつきやみ〉という語句を、〈「さつきやみ」は「五月雨（さつきあめ）」が止んで、梅雨が明けてという意味です。〉と、誤って説明してしまったことである。

この説明を読んだある人が、根本さんの新しい解釈だねと皮肉を言った。ひらがな表記された語句による誤読の指摘だった。

今の子どもたちが三木露風の童謡「赤とんぼ」の第一連の〈おわれて見たのは、いつの日か〉の〈おわれて〉を〈追われて〉と解釈したり、唱歌「浦島太郎」の第五連の〈かえつてみればこはいかに〉の〈こはいかに〉を、歌ったことのあることから〈恐い蟹〉と解釈している。これらのこととかかわって言ってくれたのかもしれない。

ここは〈負われて〉であり、〈こは如何に〉なのだが、同類と判断されたわけだ。私の無知をさらけ出したわけだが、誤りを指摘してくれたのはその人だけである。誤りをそのままにしておくわけにはいかないので、ここで訂正しておく。

「夏は来ぬ」についてだが、正しくは〈さつきやみ〉は〈五月闇〉で、梅雨時に暗雲がたれこめた、真っ暗な夜の闇のことである。そこを蛍が飛びかっているという情景なのである。恥じ入るばかりである。今後も誤りは誤りとして、ご指摘をいただきたい。

次に、『上品な人、下品な人』（前出）に述べられている、媚を売り自己宣伝して媚を売って締めくくる下品な人についてである。雑誌『学芸国語国文学』第三十九号（前出）の「文学と教育の人・根本正義先生」と題された文章がそれだ。わざとなのか、それともこういう文章しか書けないのかと訝らざるを得ない文章だ。

私は文章を書くのが好きだし、本の出版は機を逸すると当分実現は難しいので、機を逸せずに出版してきた。だから、〈先生のご業績で特筆すべきことは、まず何と言っても膨大な著書群でしょう。〉と媚を売られても、あたりまえのことをあたりまえにやってきただけなのに……と言いたくなる。

そのうえでさらに、〈斯様な著書群において先生は、文学と国語教育のあり方、国語科教育学のあり方を身をもって熱心に説き続かれました。〉と媚を売られても、ああそうですかと聞き流すわけにはいかない。むしろ、あなたは何を言いたいのですかと問い直したい。否定でも肯定でもいい、〈何を〉が重要だと思うのだが……。それが心のこもった文章となるのである。

繰り返しになるが、〈文学と国語教育のあり方〉の何を、〈国語科教育学のあり方〉の何を、〈熱心に説き続けたのかが具体的に記されていないのである。否定でも肯定でもない媚そのものなのである。

そして、自らの論文を書き並べて自己宣伝をしている。そのうえで、〈丁寧なご指導を頂き〉〈根本先生によって育てられたと言っても過言では〉ないと媚を売って締めくくる手法はなんともなさけない。あたかも私の考え方と同じだという主張が、背後にあるとでも言いたいのだろうが、私の考え方とは、本質的に異質である。

記されているのは一九八一（昭和五十六）年から一九八七（昭和六十二）年執筆の論文である。それらを記したのは二〇〇七（平成一九）年である。
一九八一（昭和五十六）年からほぼ三十年を経ようとしている今、かなり大きな考え方の変化があったように思う。その変化は教科書教材についての捉え方にあるといえる。文学教材に対する認識が、本質的に私とは異なるのである。

ところで東京学芸大学の児童文学の授業が消えるとのことだ。大変不幸なことだ。教科専門と教科教育の違いなのだろうか。小学校の国語の教科書の文学教材は、もともと児童文学作品として創作されたものである。それらの作品が教科書に採用されると、教材としてしか考えられなくなる。それは教科教育の偏狭な考え方といえる。

小学校、中学校、高等学校の国語科の文学教材は、もともと文学作品として存在しているのである。文学教育の復活は教材そのものを取り上げるのではなく、文学作品（小学校でいえば児童文学作品）を軸におこなわれるべきである。教材としてしか捉えられない、偏狭な考え方の教師では、二十一世紀を背負う子どもたちの教育が、充分におこなわれるとはいえない。

私が指導した人、育てた人は小学校の国語教科書の文学教材を、教材として考える以前に、文学作品（児童文学作品）として考える姿勢を持っている。特に東京学芸大学児童文学研究ゼミで活動した学生諸君は、卒業後もそういう考え方で教育実践を積み重ねているはずだ。その中の一人に本間ちひろさんが居る。

本間ちひろさんは絵本作家・詩人・児童文学研究者として活躍している。その本間さんが日本児童文学者協会会報『Ｚｂ通信』（二〇〇七年一二月一〇日号）に、「文学と教育の終宴を危惧して」と題したエッセーを書いている。それがなによりも証明してくれている。次にその文章を引用しておく。

東京学芸大学で児童文学の非常勤講師をして二年目。大学のカリキュラム改変で来年かもしくは今年で児童文学の授業が無くなる。名誉のために言うが授業がつまらないから打ち切りになるんじゃない。どっちにしろ打ち切りならと楽しくやらせてもらったら超大人気だった。授業が無くなって、国語教育の方法論のような授業が増えるらしい。まあ、そんなことに興味を持っても眉間にしわが刻まれ美容に悪いから見ないようにしているが、耳に入ってくることには、教育学部の授業は、教科教育法が増えて基礎研究の授業が激減するんだそうだ。「ふーん。勝手にやればいいさ」と思うだけだが。

十年後に希望を持てるようなエッセーをと、この原稿を依頼されたが、明るい気分になれないのはなぜだろう。未来を測ることは、エイズ検査や癌検診に行くようなものなのだ。明るい未来がほしいなら現実をほじくるしかない。物書きとして、看板を出す以上、私は魚の目をほじくるようなエッセーでも書くしかない。

国語教育として、児童文学を見ると、文学というより、教材という目で作品を見るようになりがちだ。解剖実験用の鯵と、刺身で食う鯵ほどに違うのに、児童文学と共に近代文学や古典の授業激減、古典から始まる日本文学、漢文学の面白さを知らずに、何を子どもたちに伝えるんだろう。

正しい日本語が大事なんじゃない。美しいんじゃない。ら抜きだろうが骨抜きだろうが言葉で何を伝えるか。辞書を読んでも自分の気持ちが見つからない時、言葉を組み合わせ、詩、物語でなら伝えられると知る瞬間がある。そこに文学があり、その体験が文学の授業だ。多くの大学教員が危惧しているのに、どうしてこんなふうに流れていくのだろう。

小学校教師は多教科を教える。でも、ひとつの学問の深奥を見た先生なら、専門以外でも、その学の面白さを見抜けるはずだ。それでも教育技術に不安というなら小学校も専科制にすればいい。

ま、自分の授業を超大人気なんて言う非常識講師は信用ならないだろう。だからどうぞ『文学と教育の周縁』*に皆様の目と耳を。そうすれば十年後には機嫌よく美容によく見られる状況になっているはずだ。でないと本当に文学と教育の終焉なんてことになりかねないのだから。（*根本正義氏の著書名）

まさしく本間ちひろさんの言う通りで、諸手を挙げて大賛成である。

教員養成大学における授業は、基礎研究の授業が激減して、教科教育法に関する授業が増えるということは、教科専門（基礎研究）と教科教育の区別を無くそうという、不穏な動きと連動しているといえる。

いずれは教科専門関連科目を教科教育が担うということが予想される。現在の情況を考えると絶対に担えない。教科教育担当教員で教科専門にかかわる基礎研究をきちんとやっている人は稀だからだ。とすると、これまで考えられていた教科専門の概念を変えることが予想される。

教科教育の基礎として重要なのは、教育実践研究だという考え方が主張されるということが予想される。果たしてそれでいいのだろうか。

国語学、国文学、漢文学に〈教科〉の概念が見当たらないから、これらの教科専門科目は不要だという主張を、大手を振ってまかり通させてはならない。このような主張を認めると、本間ちひろさんも危惧している、文学と教育の終焉を迎えることになる。

とはいっても文学と教育の二律背反は古い、もはやそのような主張は不要だというのが、国語科教育の分野の人達から出ている。そのことに誰も反論しない限り、優秀な教員養成の道は閉ざされる。

教科専門の人達が安穏に暮らしている間に、とんでもない事態が起きようとしているのである。教員養成の本質を見誤ってはならない。

教育養成大学としての東京学芸大学から、児童文学の講義が消える。児童文学が授業科目として開設されたのは、確か一九五〇年代の後半で本邦初の授業科目であった。鳥越信氏が講義を担当していた。今日まで継承された東京学芸大学の伝統だといえる。

鳥越信氏は一九七〇年代の後半まで児童文学を講じていた。私も二年間非常勤講師として講義をした。その後、続橋達雄、浜野卓也、宮崎芳彦、二上洋一、森下みさ子等の諸氏が講義し、二〇〇八（平成二十）年度に本間千裕（ペンネーム・本間ちひろ）氏が児童文学を講じて幕を閉じる。

小学校教員養成大学としての約五十年間の伝統、それが消えるのである。小学校教員養成の前途は暗い。国語科教育にかかわって、作品として捉えるか教材として捉えるかという問題は、学力観とも密接にかかわっている。教師は教材としてしか捉えられないから、「新学力観」を支持することになる。

一九八七（昭和六十二）年の教育課程審議会の答申によって登場した「新学力観」の、関心・意欲・態度等を点数化する絶対評価は排除しなければならない。点数化はできないのである。点数化できても、それは教師の主観によることになる。そんなものを信じていたのでは、子どもたちの考える力は育てられない。

新学力観の〈関心・意欲・態度〉は、絶対に点数化することはできないのである。教師も人間である以上、客観的に児童・生徒の関心・意欲・態度を点数化することはできない。教師の前では児童・生徒が良い子になっていくだけだ。いじめも潜在化し、落ちこぼしも潜在化する。一九八四年の臨時教育審議会の答申にあった、「個性の重視」にも新学力観は逆行する。

私のこの文章を機に、小さな論争でもいいから起こることを期待したい。

（『学芸国語教育研究』第二十六号　東京学芸大学国語科教育学研究室　二〇〇八年十二月　原題のサブタイトルは「小さな論争でもいいから起これ」　一部加筆）

Ⅲ　読書をめぐる諸問題

小川未明の敗戦児童文学
――国語教育に歴史の連続と断絶という複眼を――

『図書新聞』二〇〇一年七月七日付の第二五四〇号は、大空社刊の『定本　小川未明童話全集』刊行に寄せてという特集であった。私は「小川未明の戦中と戦後――歴史の連続と断絶という視点で再評価を」という文章を書いた。本稿における私の考え方もまったく同じである。この文章をやや補強した文章になっていることをおゆるしいただきたい。

ともあれ、大空社から『定本　小川未明童話全集』が刊行されたことは、喜ばしいかぎりである。小川未明の再評価とともに、従来の戦後児童文学史、つまり解放史観にもとづいた文学史とは違う、もうひとつの戦後児童文学史の構築の可能性を、この全集がもっているという確信を私はもっている。

児童文学者の敗戦直後の位相についていえば、多くの人たちの存在は不透明である。しかし、小川未明の敗戦直後の位相は明確であった。そのことの解明が、もうひとつの戦後児童文学史の構築になるはずなのである。

坪田譲治も戦中から戦後を生きたが、「サバクの虹」が果たして戦後児童文学の代表作なのだろうか。譲治が戦中に編んだ、『銃後綴方集　父は戦に』『綴方　子供風土記』『綴方　家のほまれ』から、戦後の童話「サバクの虹」への流れは、まさしく歴史の断絶である。坪田譲治は戦後に『日本少年少女作文集　子供の朝』を編んでいる。この作文集は敗戦後に教育を受けることのできた、幸せな子どもたちの作文集なのである。終戦であり解放されたという、断絶した歴史観によっている。坪田譲治の戦時下の綴方については、拙著『子ども文化にみる綴方と作文』（KTC中央出版　平成一六・五）で論じてある。

政治と文学論争が大人の文学の場合にはあったが、政治と児童文学論争の不毛が、昭和二十年代の未明童話の再評価の視座を見失ってしまったのである。これもまた断絶した歴史観によっている。

小川未明の場合は、戦争が終わって民主主義の時代になり、古い時代から解放されたが、同時に敗戦であるとともに占領であった、という考え方による昭和二十年代の童話執筆であったと私は考えている。このような視点をふまえた小川未明研究の推進が、「赤い蝋燭と人魚」研究を主軸とする、小川未明研究からの脱皮になるはずなのである。

つまり、戦後は戦中と地続きであったはずなのに、そのことを忘れ去って敗戦・終戦である昭和二十年八月十五日を境に、新しい児童文学の歴史が始まったとする、多くの児童文学史の考え方を、再検討するきっかけが『定本　小川未明童話全集』にあるという確信が私にはある。さらに言えば、児童文学者の転向の問題が、歴史の断絶という解放史観によって、不明瞭のまま今日に至っている。そのことも明確にできるのではないか。

歴史の連続と断絶という視点で書いたのが、次のように題した拙著である。その書名は『子ども文化にみる綴方と作文――昭和をふりかえるもうひとつの歴史』（前出）である。

戦後の小川未明の再評価をどのようにおこなうのかは、戦中から戦後を生きた坪田譲治をどのように考えるのかという問題ともかかわる。作文・綴方を軸にして坪田譲治を論じてあるが、児童文学の問題とも充分かかわっているという自負が私にはある。

小川未明は戦時下にあって、少国民文化宣揚の講演会のための旅行や、童話集『かねも戦地へ』の出版、少国民文化協会編『少国民文化論』に「解放戦と発足の決意」を執筆する等の活動をしている。そして、空襲下の東京で未明は妻と共に敗戦を迎えた。

昭和二十一年に『日本児童文学』に書いた「子供たちへの責任」は、戦中から戦後を歩み始めた未明の冷静な反省だったといえる。このような考え方が戦後の作品に反映しているのである。まさに敗戦児童文学を書いたのである。

解放史観による敗戦後の多くの発言に対する批判が、ここにあると捉えた時に昭和二十年代の未明童話の位相が明確になる。

『日本児童文学大系　第五巻　小川未明集』(ほるぷ出版)の解説を続橋達雄が書いているが、戦中・戦後の未明の論述は、プロレタリア児童文学運動から戦後の民主主義児童文学運動へという視点による解説のためか、昭和二十年代の未明童話の位置づけが、あいまいであり未明の主張を不透明にしている。

小川未明の敗戦児童文学に、「兄の声」「考へこじき」「戦争は僕を大人にした」「新しい町」「子供は悲しみを知らず」等の作品がある。これらの作品を読んでみると、未明にとっての戦後は、戦中と地続きだったという意識を明確に読みとることができる。

「新しい町」という作品には、露店のおじいさんの戦時下の回想が描き出されている。露店で一緒に商売をしている少年勇吉に、おじいさんは「なに、男だものな。いまから強くならなければ。」と励ましたり、「勇ちゃんは、早く大きくなって、かわいそうな人たちの力になっておやり。」と元気づけたりしている。

小川未明の戦争責任の表白、だからこそ子どもたちに日本の未来を託したのである。子どもたちに託した未来、それはまさしく民主主義体制いわばそこから始まる歴史の断絶である世の中で力強く生きていけという、未明の敗戦児童文学そのものだといえるのである。

戦中と戦後が連続している大人と、そこから解放された子ども、まさしく歴史の連続と断絶をここにみることができるのである、昭和二十年八月十五日は、敗戦であり終戦であったし、解放であると同時に占領だったのである。敗戦・占領という歴史の連続、終戦・解放という歴史の断絶、そういう視点で『定本小川未明童話全集』全十六巻を基に、小川未明の再評価を試みてはどうだろうか。

以上が執筆時の文章だが、この論の視点が国語教育研究に必要だと私は考えている。それはどういうことかというと、この論の副題を執筆時は「もうひとつの戦後児童文学史の可能性」としたわけだが、この視点をぜひとも国語教育研究に生かす必要があるということなのである。

国語教育のありようの再検討、あるいは教育の問題そのものの再検討にあたって、歴史の連続と断絶という複眼で考察することは極めて重要なのである。

これまでの作文・綴方教育史を含めた国語教育研究は、極端に言えばすべて歴史の断絶、つまり解放史観によって論じられてきている。今、それらを見直す必要に迫られているのである。

繰り返しになるが作文・綴方教育史もまた、歴史の断絶という視点で論じられている。戦中と戦後は地続きであるという歴史の連続、この視点で考察すると生活綴方は視野には入らない。しかし、昭和初期の生活綴方運動は戦後の生活綴方運動に連動する。それは歴史の断絶、解放史観によるものだが、それを無視するわけにはいかない。そこで、生活綴方運動の到達点として位置づけられる、『講座・生活綴方』の総目次を作成した。この総目次は、私も生活綴方を視野に入れているよ、という意志表示である。この総目次は拙著『子ども文化にみる綴方と作文』（前出）に収録してある。

（小川英晴・上笙一郎・砂田弘編『未明童話の世界　定本　小川未明童話全集別巻解説』大空社　二〇〇二年三月二十九日　原題「小川未明の敗戦児童文学――もうひとつの戦後児童文学史の可能性」　一部加筆）

檀一雄の少年小説
――文壇作家の児童文学の考察――

檀一雄の児童文学は次のような諸作品である。少年小説としては、「永遠の少年の物語」（雑誌『新児童文化』国民図書刊行会　昭和二五・五）がある。この作品は改題されて、同和春秋社から昭和二十九年十二月に『虹を吹く少年』として出版されるとともに、昭和五十二年五月発行の雑誌『ポリタイア　檀一雄特集号』（白川書院）に再録された。

さらに、「シンドバッドの航海」（前出の『虹を吹く少年』に所収）や、未完の少年小説「月と砂漠とオオカミ」（雑誌『小学生』上級版　河出書房　昭三一・一～二）を執筆している。

少女小説としては、『聖《サンタ》マリヤの鐘』（偕成社　昭二五・二）や、『悲しみの門』（偕成社　昭二六・三）がある。また、歴史小説に『少年猿飛佐助　天狗の巻』（東京創元社　昭三二・四）『少年猿飛佐助　霧の巻』（同　昭三二　未見）『少年猿飛佐助　術くらべの巻』（同　昭三二・一二）等がある。

少女小説にかかわって、沖山明徳の「檀一雄年譜」（『ポリタイア』復刊第二号　白川書院　昭五一・七）の、昭和二十三年の項に次のような記述がある。

この夏、ヨソ子、太郎を連れ上京、そのままホテルに同宿せるも手狭く不自由なため、少女小説等を書き散らして、南田中五〇三番地の建売住宅を購入、十月頃移転。

単に生活のために少女小説を書き散らしたのだろうか。確かにそうした側面のあったことも否定できないが、私は檀一雄の少女小説を、正当に評価しなければならないと考えている。檀一雄自身の意識と作品を評価する立場の、読者や研究者の立場は別である。

すでに記したように、檀一雄の少女小説は偕成社から二冊出版されている。同社から北条誠、高木彬光、北条秀司、柴田錬三郎等が、少女小説や推理小説を出版し始めたのは、昭和二十四年からであった。

偕成社のこの時期について、『偕成社五十年の歩み』（偕成社　昭六二・一一）に次のような記述がある。

北条誠、柴田錬三郎らを担当した加藤嘉信の回想によると、初めて子ども物の小説を書いた柴田錬三郎は、当時の代表的な少女小説を分析したりして、きわめて意欲的だったという。（中略）

昭和二十五年からはさらに檀一雄、伊馬春部、藤沢恒夫、芝木好子、島田一男、橘外男、山手樹一郎らが加わって健筆をふるった。

偕成社の社史に檀一雄の名が記されているのは、それなりの評価がなされているからである。少女小説『聖マリヤの鐘』（前出）は、母と遠く離れた伯母の家で、母を慕いながら暮らす少女と、病む身体を秘して別れた娘を恋う母の物語で、いわば典型的な少女小説である。『悲しみの門』（前出）も同様だが、これらを檀一雄の作家としての生涯のなかに、どのように位置づけるかは今後の課題である。

檀一雄の児童文学が、彼の小説と深くかかわっていることは事実である。『少年猿飛佐助』（前出）は、小説『真説石川五右衛門』（『新大阪新聞』昭二五・一〇〜昭二六・一二）の系譜に位置づけられる。歴史小説『木曽義仲』や『明智光秀』等とのかかわりも考えなければならない。

未完の少年小説「月と砂漠とオオカミ」（前出）は、小説『夕日と拳銃』（『読売新聞』昭三〇・五〜昭三一・三）とかかわっている。執筆時期も合致し、共に舞台は中国大陸である。

『夕日と拳銃』（前出）は、馬賊である伊達麟之介の生涯を描いた作品である。では、「月と砂漠とオオカミ」（前出）はどのような内容なのかを紹介しよう。

主人公である戸上龍一の父龍造は、考古学者であり人類学者でもあった。しかし、不幸なことに第二次世界大戦の最中に、チベットを研究のために歩き廻っていた時、行方不明になってしまった。優れた学者であっただけに、イギリスもアメリカもソビエトも中国もこの学者を惜しんで、戦時下でありながら探険隊を出したのであった。しかし、結局行方はわからずじまいであった。

その博士の行方がわかったのは、日本が戦争に敗けた八月十五日であった。この日、戸上龍造博士は砂漠の中に姿を没して、永久に地上には帰ってこなかったのである。

そんなある日、戸上博士と同行していた段原博士が、龍一少年の家を訪ねた。そして、龍一少年に次のような話をするのであった。戸上博士が掘り出した恐竜の卵発掘のため、世界各国の学術探険家が申し合わせて、戸上博士のキャンプ地点を発掘調査することになったという話である。龍一少年は日本の学術探険隊と同行することになる。現地で中国さえ承知してくれるなら、戸上博士が歩いたとされる道を、東から西へ縦走することも予定されていた。

龍一少年はいよいよ三月二十四日、戸上学術探険隊日本班と共に、アジア縦走の壮挙のための空の旅に出発するのであった。飛行機は九竜を経由して、北京の清華苑空港に着いた。そして、大陸縦走のための準備として、二カ月間にわたり狼の撃ち方や蒙古のご飯の食べ方、馬の乗り方と駱駝の乗り方の練習をすることになった。

狼を撃つための猟銃を手にして、龍一少年の夢は大陸の奥地へと心ときめくのであった。パイクンミャオの近所には、ハルトードという龍一の父の親友の蒙古人が居るという。そこは博士が長い間滞在していた所である。そんな話を聞いて、龍一少年はなつかしさがこみあげてきたのであった。

「月と砂漠とオオカミ」という作品は、ここまでで終わっている。まさにこれから中国大陸を舞台に、大冒険が始まろうとする序のところで物語は中断してしまった。雑誌『小学生』（前出）の休刊がその理由だが、広大な中国大陸を舞台に雄大なロマンが展開されたであろうことが予想される。そのことからも『夕日と拳銃』（前出）の系譜に位置するといえるのである。

ところで檀一雄の代表作といえば、『リッ子・その愛』『リッ子・その死』だが、遺作『火宅の人』（新潮社　昭五〇・一一）も檀の代表作といえる。児童文学と小説の密接な関係をもつ作品に「永遠の少年の物語」（前出）がある。これはまさしくリッ子ものの系譜に位置づけることのできる作品である。

「永遠の少年の物語」は『新児童文化』に発表されたことは前述した。いわば初出で、ここには題名の左横に「これは、生後満三年に至らずして、その母を失った太郎のための物語」と記されている。檀一雄の意志によって改題されて出版された、『虹を吹く少年』（前出）にはこの付記は無い。口絵写真に、東京石神井の自宅庭での、檀一雄・長男太郎・三男小彌太の写ったものがあり興味深い。

リッ子ものと「永遠の少年の物語」の関係について論じておくことにする。この少年小説の初出には第一部とあり、続編を予定していたことを知ることができるわけだが、第一部のみで完結していると考えることのできる作品である。

「永遠の少年の物語」の執筆動機について、『虹を吹く少年』の「あとがき」に次のように記されている。

わたしが、この物語を書きはじめたのは今からおよそ五年ばかり前のことであります。そのすこし前の頃、私の子供の太郎が三つになったばかりの時――太郎はそのお母さんを永久になくしてしまいました。わたくしの妻が一年ばかりの病気の後にとうとう死んでしまったわけでした。

檀一雄の妻律子は昭和二十年に腸結核で、福岡市の実家に病臥中であった。報道班員として従軍を終え、帰国した昭和二十年五月には、妻律子は病の床にいたのである。そして、翌年の四月四日に病死した。長男の太郎の誕生は昭和十八年の八月で、この年満三歳であった。

妻律子の死後一年を経て、檀一雄はリツ子ものの第一作として「終りの火」を脱稿し、昭和二十三年二月の『人間』に発表した。それから矢つぎ早にリツ子の連作を、昭和二十三年二月から昭和二十五年一月にかけて、『人間』『改造』『群像』『女性改造』『新潮』『小説新潮』等に発表し、一〇〇〇枚の連作となった。そして、昭和二十五年四月に『リツ子・その愛』『リツ子・その死』を作品社から刊行した。「永遠の少年の物語」はその翌月の五月の発表である。

わたくしは、可哀そうな小さい太郎をこの後どうしてなぐさめていいか、またはげましていいか、ほんとうに困りました。わたくし達は人間です。飛行機をつくり、原子爆弾をつくることは出来ましても、いのちをよびもどすことは出来ません。ましていのちをつくることは出来ません。わたくし達は、生き、そうして死んでいって、わたくし達の味わった喜びや悲しみ、願いや望みを、後の人々に語り伝えるほかありません。わたくし達のうけついだ人間の生き方を、そっとわたくし達の子や孫に語りついで、新しい、大きな、人間の未来を信じるほかありません。

わたくしは、わたくしに出来るだけの力をつくして、太郎のため、いいえ日本中の子供たちのために、りりしい気高い物語りを作ってみようとそう決心しました。

これは『虹を吹く少年』の「あとがき」の一節だが、檀一雄の児童文学に対する考え方が端的に表れている。それは、人間の生きざまを描くこと、人間のために書くということである。それは文学の本質そのもので、檀一雄の児童文学も小説も同じだといえる。子どものための物語だからといって、檀一雄は低めたり弱めたりしていないのである。子どもの理解する力を信じ、美しさと気高さを受け入れる力については、子どもは大人よりよごれのない、素晴らしい心の働きを持っていると檀一雄は考えていた。

また、美しさを空想の世界のなかに、押し広げる自由さについても、子どもははるかに大人よりも神秘に近い能力を持っていると檀一雄は考えていた。改題はこのような考え方によるもので、虹は子どもの心を映しだしたものであり、永遠の美の世界の象徴でもあるという考え方によるといえる。

「永遠の少年の物語」は中国大陸に似た舞台が設定されている。檀一雄の報道班員として中国に渡った体験を背景としている。その体験と帰国後妻律子を失い、一人長男の太郎のみ残されたということに対する想いもこめられているのであろう。律子の死も含めた戦争体験といういまわしい世界から、未来の希望を見い出すべく、歴史の連続のなかで人間の生き方を追求したのである。檀一雄のいまわしい体験はまだまだある。昭和二十年八月、長崎の原爆を目撃するという事件である。そのことが、先に引用した「あとがき」にも表れている。

わたしたちの生き死にの歩みを後世に語り継ぎ、いまわしい世界を乗り越えて生きる希望を、この少年小説で描き出したのである。作品には理想郷が設定され、そこに生きる人たちの人と人との絆、愛によって結ばれた世界が描き出されている。また、詩人としての檀一雄の一面も作品に表れている。

「永遠の少年の物語」は李青を中心とし、その妻リーリンとその子リーギョ、そして李青の住む町の詩人、哲学者、予言者、鍛冶屋、大工といった人たちが描かれる。李青は書物を求めて旅に出て帰らず、リーリンも死に一人リーギョのみ残されてしまう。

帰らぬ人を待ちながらのリーリンの死、それは待つことの大切さを知り過ぎる程知っている、そういう母の存在である。そうした母親像が連綿と描かれている。リーリンは律子その人であるといえるだろう。檀一雄は子どもは無限の可能性を持っていて、それは科学も予想することのできないものと考えていた。それがリーギョに託されて描き出された。それは同時に日本の子どもたちへの期待そのものであるといえよう。

人間の世界にとって一番美しいもの、それは死なのであろうか。だとするなら、それはまさしくロマンそのものの世界であるといえよう。この少年小説に描かれている死の世界は、微塵の暗さもない。まさにロマンそのものの世界である。少年小説という枠組みのなかで描かれた死のロマンは、美の世界にまで昇華されて、生命の讃歌として完成している。その作品世界はみごとだといわざるをえない。

また、待つことの気高さ、待つことによって広がる自由な空想世界、待つことによって育まれるやさしさ、待つことによって生じる責任と希望、そうしたものがこの少年小説には描かれているのである。さらに言えば、「永遠の少年の物語」は、檀一雄の太郎への愛であり、律子への鎮魂歌である。リツ子ものに一貫して流れている生命への讃歌が、この「永遠の少年の物語」のなかにもある。まさしくリツ子ものの系譜に位置する少年小説である。

(『檀一雄・文学の故郷』小郡市立図書館野田宇太郎文学資料館　一九九四年三月三十一日　原題「檀一雄児童文学論」)

娯楽としての読書を考えるために
——山本周五郎と畑耕一のこと——

児童・生徒の娯楽としての読書が、極端に言えば全否定されている。それは大衆児童文学の全否定という戦後の読書指導の歴史ともかかわっている。大衆児童文学はエンターテインメントとしての作品である。それらを再評価することによって、娯楽としての読書の意味を明確にすることができるのである。

大人の文学では、厳として時代小説のジャンルが確立しているが、子どもの文学では児童・生徒のための時代小説が全く等閑に付されている。

まずは大衆文学作家の子ども向けの時代小説を再評価し、子どもにとっての娯楽としての読書とは何かを考えてみてはどうだろうか。とりあえず、山本周五郎と畑耕一の大衆児童文学とのかかわりを紹介しておくことにする。

畑耕一の子ども向けの時代小説『風雲黒潮隊』は評価されていいし、未確認だが山本周五郎の子ども向けの時代小説が、昭和二十三年五月に鶴書房から刊行されている。この作品についても話題にしたいと考えている。

次に畑耕一と山本周五郎について記しておくことにする。

畑耕一は明治二十九年五月十日、広島県広島市堀川町に生まれる。大阪高等商業予科を卒業して第八高等学校工科に進むが中途退学。さらに第一高等学校を経て、大正七年に東京帝大英文科を卒業。東京日日新聞の学芸記者をつとめたが、大正十三年に退社して松竹キネマに入社する。大正十五年一月、朝日新聞社より『続一日一文』を出版する。

昭和三年に松竹キネマ文芸部長となり、日本大学講師と明治大学講師をつとめた。大衆文学・大衆児童文学・映画・演劇など幅広い分野で活躍した。

昭和二年四月から「剣魔白藤幻之介」を『少年少女譚海』（昭和三年一一月完結）に連載し大評判となる。昭和三年十一月、「当世ジヤズ娘」を『少女世界』（昭和三年一二月完結）に発表するとともに。九月に文芸資料研究会から『変態演劇雑考』を出版した。翌年の昭和四年以降、少年小説と少女小説を精力的に発表する。

昭和四年一月、「栄冠血に彩る」（昭和四年四月完結）を『少年世界』に発表するとともに、「ラヂオ時計の巻」を『少女世界』に発表する。この年に『少女世界』に発表した作品は、「新装春服の御難」（二月）、「お父様の御演説」（三月）、「ダンス大騒動」（四月）、「こらッ貴様強盗」（五月）、「飛んだ温泉旅行」（六月）、「エレヴェータァは恨めしや」（七月）、「頭痛腹痛晩餐会」（八月）、「泣き面撮影所見物」（一〇月）、「ツェッペリンの御利益」（一一月）などである。

また、昭和四年四月に「ピッチへ」を『令女界』に発表するとともに、六月には「三つの結婚」（昭和五年一一月完結）を『婦女界』に発表した。小説に『棘の楽園』（昭和四年三月　博文館）、『陽気な喇叭卒』（昭和四年五月　資文堂書店）などがある。

昭和五年一月、「怪奇黒牡丹組」を『少年世界』（昭和五年一二月完結）に発表するとともに、「大速力案内状」を『少女世界』に発表した。この年に『少女世界』に発表した作品は、「尻餅ゴルフ」（二月）、「あくび行進曲」（三月）、「四月馬鹿くらべ」（四月）、「珍発明テレ味ジョン」（六月）などである。十二月には「天一坊悪夢政談」を『少女《少年》譚海』に発表した。小説に『肉妖高橋お伝』（昭和五年十月　竜生堂）がある。

昭和四年から昭和五年にかけて少年小説と少女小説の分野で、吉屋信子、佐藤紅緑、菊池幽芳、野村愛正等とともに活躍した。

昭和六年以降は小説の創作に専念し、次のような著書を出版した。『場所がいるのだ』（昭和六年一月　竜生堂）、『女たらしの昇天』（昭和六年八月　新思想社）、『毒唇』（昭和六年九月　先進社）、『光の序曲』（昭和七年二月　先進社）、『女性の切札』（昭和八年三月　春陽堂）等がそれである。

昭和八年十月から十二月まで小説「接吻十字路」を『国民新聞』に連載。昭和十一年十二月、『触角と吸盤』を交蘭社から出版する。この年、松竹キネマ企画部部長となり昭和十八年までつとめる。

昭和十四年には「南海竜巻船」を『少年倶楽部』夏の増刊号に発表するとともに、九月の同誌に「をどる火の文字」を発表する。また、翌昭和十五年の一月から十二月まで『少年倶楽部』に「風雲黒潮隊」を連載した。

昭和十八年には明治大学教授となった。昭和三十二年十月六日に逝去した。

山本周五郎は明治三十六年六月二十二日、山梨県北都留郡初狩村（現・大月市下初狩）に生まれる。大正五年、県立横浜第一中学校を中退し親戚の山本周五郎宅に住み込む。後にこの主人の本名をペンネームに用いる。この年、正則英語学校、大原簿記学校などに学び、戯曲や小説などの創作にはげむ。

大正十五年四月、山本周五郎のペンネームで「須磨寺附近」が『文藝春秋』に掲載され作家としての出世作となる。七月、はじめての少女小説「小さいミケル」を『少女号』に発表する。

昭和四年、東京市が募集した児童映画の脚本懸賞に応募し、「春は又丘へ」で入賞する。この年、日活で「春は又丘へ」が映画化される。昭和五年七月に「危し！　潜水艦の秘密」を、十月から十二月まで「骸骨島の大冒険」を『少年少女譚海』に発表する。昭和六年七月、「新宝島奇譚」を『少年少女譚海』に発表する。

昭和七年五月、はじめて大衆小説「だゞら団兵衛」を『キング』に発表し、職業作家としての決意を固める。

昭和八年一月から「ウラルの東」を『少年少女譚海』に連載する。昭和九年一月、「血史ケルレン城」を『少年少女譚海』に発表する。昭和十年十二月、「獅子王旗の下に」を『少年少女譚海』に連載しはじめ、昭和十一年四月に完結した。ついで五月から「囮船第一号」を『少年少女譚海』に連載する。昭和十二年一月、「猫眼石殺人事件」を、八月に「御意討秘伝」を、九月から十二月にかけて「南海日本城」を『少年少女譚海』に発表する。同誌の九月増刊号に「臆病一番首」を発表する。

昭和十三年、この年精力的に『少年少女譚海』に少年小説を発表する。発表された作品は、一月に「裸像粉砕」、二月に「骨牌会の夜」、三月に「西へ行く漂流船」、四月に「仮装会事件」、四月増刊号に「天狗岩事件」、五月に「怪人呉博士」、六月に「真紅の独楽」、七月に「廃灯台の怪鳥」、八月に「海浜荘の殺人」、八月増刊号に「劇団・笑う妖魔」、九月に「荒城の月」、十月に「新戦場の怪」、十一月から十二月に「恐怖のＱ」と『少年少女譚海』に毎号執筆した。

昭和十四年、「安政三天狗」を「新少年」に一月から八月まで連載した。同誌の終刊で無理矢理完結させた。二月に「加納砲事件」を、三月に「猫眼レンズ事件」を、四月に「翼の復讐」を、六月に「水中の人」を、十一月に「千代紙行灯」を『少年少女譚海』に発表する。

昭和十五年一月に「立春なみだ橋」を、五月に「豪傑商売」を、十一月に「武道絵本」と、「三つの警笛」（のちに「火の紙票《カード》」と改題）を『少年《しょうねん》少女譚海』に発表する。昭和十六年三月に「千番試合」（のちに「明暗千番試合」と改題）を、五月に「与之助の花」を、八月に「万太郎船」を『少年《しょうねん》少女譚海』に発表する。昭和十七年一月に「噴上げる花」を、七月に「江戸の土圭師」を、十月に「唐船調べ書」を『少年《しょうねん》少女譚海』に発表する。

昭和十八年三月、第十七回直木賞に「日本婦道記」が推薦されたが辞退する。

戦後は小説の創作に専念し、昭和四十二年二月十四日に逝去した。この年の五月に『山本周五郎小説全集』全三十八巻（新潮社）が刊行され、昭和四十五年六月に完結した。

（二上洋一編『少年小説体系　第22巻　時代小説名作集』三一書房　一九九七年四月十五日　一部加筆）

鈴木清隆氏の詩の世界

――詩集『夜なかのかぜがあそんでる』について――

鈴木清隆氏が詩集『夜なかのかぜがあそんでる』（てらいんく　二〇〇六・五）を出版された。そこで、鈴木さんの詩の仕事について記しておくことにする。

鈴木さんは同人誌『蝸牛』に毎号、子どもたちのことば遊びの詩を紹介されていますが、鈴木清隆さんが詩人だからこそ、子どもたちの内側にある子どもらしいことばを引き出している、いや子どもたちが自ら表現できているのだなあと、毎号拝読していてそう思いました。

鈴木清隆さんのことば遊びの授業については、吉田定一さんがこの『夜なかのかぜがあそんでる』という詩集の、折り込みの解説「ことば遊びの授業――繰り返すことばの心地よさ――」に書いておられます。

この吉田さんの解説で言い尽くされているので、多くのことを語りませんが、繰り返しになりますが、詩人だからこそ子どもたちの感性を引き出しているのだともいえます。吉田定一さんは〈詩精神の鉱脈〉と言っておられます。ことば遊びでの授業の指導者の資質そのものを、鈴木清隆さんがお持ちだということなのです。言語、ことばそのものの専門家では、子どもたちの感性を、ここまで引き出せないでしょう。詩人だからこそ引き出せるのです。

『夜なかのかぜがあそんでる』の吉田さんの解説の一頁目と二頁目に、子どもたちのことば遊びが紹介されていますので、次に引いておきます。

舌　　　佐々木真太郎

苦い
甘い
すっぱい
からい

じゃがいも　　　後藤さわ

土の中でけんか
助けだされたらもうぼこぼこ

お金　　　渡辺基規

当てのない　旅に出る

骸骨　　　関戸智香子

もっと　太らなくちゃ

はさみ　　　小泉千春

恋人同士は　キスが好き

これらの子どもたちの作品からわかるように、子どもの言葉は詩そのものだといえるわけです。そういう世界を文学として昇華した作品群が、第Ⅱ部「四行のうた」であり第Ⅲ部の「はるなつあきふゆ」、そして第Ⅳ部「唱えことば——語りと身体表現のための台本——」であり、第Ⅴ部「ちよう」に結実しているのだと思います。

鈴木清隆さんの詩の世界が、ことば遊びを詩という文学に昇華させているのは、子どもを真正面から見つめ、子どもの心の中にしっかりと自らが入り込んでいるからだろうと思います。第Ⅰ部の「ぼくってふしぎ」にまとめられた作品群に、そうした姿勢がみられると思います。

子どもを描いていても、そこに教師臭さはありません。子どもそのものが描かれているのです。子どもはこうあるべきだとか、このように生きなさいとか、そういう教師の眼はありません。教師でありながら、校長でありながら、それらしさがないのです。

詩集『夜なかのかぜがあそんでる』はそんな作品群なんだと思いながら、では、この詩集が鈴木清隆さんにとって、どんな位置にあるのだろうということを考えてみました。この詩集には鈴木さんの決意みたいなものがあるようにも思えます。

その決意、それはこの詩集を読む子どもたちに、今読んでもわからないことがいっぱいあるよ。でも楽しいだろう。いつかきっとわかる時がくるよという主張の表明なのだと思いました。この詩集が序破急の構成になっているから、そんなふうに感じたのかもしれません。

第Ⅰ部は序ですね。自分を見つめてみようよという語りかけです。自分のことがわかることもあるし、わからないこともあるよねという語りかけです。

そんなことはどうでもいいよ、楽しんじゃおうよ、というのが第Ⅱ部から第Ⅴ部までの破で、第Ⅵ部が急という構成になっているのだなと思いました。

序破急の急にあたる第Ⅵ部は、楽しんだかい、これからだよ、からっぽから始まるんだよ、決めるのは君たち自身なんだと結ばれています。その結びの詩が、「〈いま〉はそこにいる」という作品です。

〈いま〉はそこにいる
いつもあなたの魂のとどくところに
花となり、鳥のさえずりとなり、人のことばとなって
気づくことだけでいい
〈いま〉はそこにいると
〈いま〉からがはじまりだと

吉田定一さんも帯にこの詩のこの部分を引いて、「その〈いま〉に一切《すべて》がある。この詩集を支えているのは、〈いま〉はそこにいるという『一即一切』というはりつめた作者の感覚、思惟ではないだろうか。」と述べています。

なるほど、詩人鈴木清隆さんの感覚、思惟なのか、と私は思いました。が、私は読者に語りかけた決意なのだろうと思いました。その決意についてはすでに記しました。

詩集『夜なかのかぜがあそんでる』の結びにあたるのが、「〈いま〉はそこにいる」という作品だといえるわけですが、「〈いま〉はそこにいる」というこの作品は、子どもには理解できないでしょう。しかし、

子どもはわからないなりに繰り返し読む、そうするとわかるところも見つかるし、リズムの楽しさもわかる等々ということになる。文学、詩というものはそういうものなのだと思います。

今理解できなくとも、作品に描かれているそのことをいずれ理解できる時が来る。そういう思いを持っている詩人が、鈴木清隆さんなのでしょう。

小学生でいえば、一年生から六年生までのすべての児童にわかる作品、それは文学ではありません。にもかかわらず、小学校の教師の多くが、この作品は何年生に与えるものなのだろうと考えている。何年生向きなのかと考えることは止めにしたい。

自明の理なのだが、小学校の国語教科書の文学教材は、もともと教材ではなく、児童文学作品として存在しているのです。文学教材を作品として考える視点が小学校教師には無い。そこが問題なのです。

発達段階も大事ですが、小学校の多くの教師が児童文学に眼を向ければ、鈴木清隆さんのこの詩集が図書室に常備され、多くの子どもたちに楽しんでもらえるのです。

私も今わからなくともいずれわかる時が来る、子どもとはそういうものなのだという考えを柱に、児童文学と国語教育を考えています。この詩集の「あとがき」に、私が「ぼくって　ふしぎ」という作品を紹介したと鈴木さんが記していますが、校長を四年間勤めたなかで、全校生徒に毎週話をした時に使いました。

私の話についていえば、紹介した作品も含めて、小学校低学年の子どもには理解できなかったことも多々あったはずです。でも、四年の間低学年の子どもたちも、私の話を楽しんでくれました。部分的に楽しいこともあったのでしょう。いつかきっと「ぼくって　ふしぎ」という作品を思い出して、考えてくれるはずです。そういう期待も含めて、私なりに児童文学を考えたいと思っています。

そう考えている私が、『夜なかのかぜがあそんでる』という詩集に出会えたことは、最高の幸せです。

（鈴木清隆　詩・童謡集『夜なかのかぜがあそんでる』出版記念会　挨拶　二〇〇六年七月二十九日　於・高田馬場　ビッグボックス９Ｆ「アルファ」）

私の読書論の系譜

――大衆児童文学と悪書問題の解明以後――

私は平成十九年三月に定年を迎えた。東京学芸大学に助教授として赴任したのが、昭和五十五年四月だから二十七年間勤務したことになる。私の定年にかかわって、米谷茂則氏が中心になって『研究とエッセー文学と教育の周縁』（高文堂出版社　平一八・一二）を編んでくれた。大変ありがたいことである。この本は米谷茂則氏が企画した私の定年退職記念出版である。心から米谷氏ならびに編集委員会の諸氏に御礼を申し上げる。

そこで、何か書けということなので、私の児童文学研究を軸にした、読書論について記すことにする。私のこれまでの研究の軌跡については、木下一朗氏が『根本正義著作目録』（赤い鳥文庫　平一七・六）を編んでくれているので、私の研究の全体についてはそちらにゆずることにする。

本稿では私の研究の柱の一つである、大衆児童文学の研究にかかわる読書論について記す。大衆児童文学と国語教育にかかわっていえば、私流の娯楽としての読書のすすめである。あえて娯楽としての読書のすすめを主張してきたのは、昭和二十五年八月以降の国語教育の歴史における、児童・生徒の読書のありようについての考え方が、大衆児童文学の全否定の歴史であったためだ。その是正に取り組んできた。

このような考え方をもつに到る以前にまとめたのが、「児童文化に関する研究文献目録」（拙著『増補幼児教育のための児童文学――子どもの文化と絵本・幼年童話』（高文堂出版社　昭五〇・八）である。児童文化、マスコミ・マンガ・子ども、読書指導・文学教育、特集雑誌（児童文化・児童文学）の四本の柱で構成した。

この文献目録作成にあたって調査した、読書指導に関する文献は、すべてが娯楽としての読書にかかわる、マンガと大衆児童文学の全否定であった。娯楽としての読書のすすめは皆無であった。

そのことがずっとひっかかっていた。高等学校に勤めていたこともあって、その問題点の解明はなかなか進まなかった。読書論としてまとめることができたのは、東京学芸大学に勤務してからのことである。国語教育の講義を担当したこととかかわっている。

まずまとめたのが、「読書論——戦後否定されたロマンを読書に——」（「文学と教育」第九集　文学と教育の会　昭六〇・六）である。ついで「読書論——悪書追放運動の意味するもの——」（「読書科学」第一一四号　日本読書学会　昭六〇・一二）である。

前者では少年のための冒険小説の変容と、今後の展望をふまえて、昭和二十年代の初頭におこなわれた娯楽としての読書の全否定、時代小説、講談、マンガによって封建的な考え方を学ぶから良くないという批判、それらは当を得たものでないこと、悪書とする定義があいまいであることを論じた。

後者では、少年少女のための娯楽としての読書対象の作品を悪書とする、いわゆる悪書追放運動の動向を、『朝日新聞』や『毎日新聞』等の日刊紙の記事を、昭和三十年から昭和四十六年まで丹念に追って、その実態を明確にしたうえで、新たな読書論の確立が必要であることを論じた。

悪書追放運動は基本的には、大衆児童文学批判なのである。その批判は大衆児童文学の本質をきちんとふまえていないのである。批判する以前にその本質を、きちんとおさえるべきだと考えたわけだ。では、国語科教育にかかわって、大衆児童文学は教材にはならないのだろうか、ということを一方で考えた。戦後の検定国語教科書には、大衆児童文学は全く教材化されてはいなかった。私の管見する範囲内のことだが、戦前の旧制中学校の国語教科書に、剣豪宮本武蔵の伝記の教材化を発見することができた。

その剣豪宮本武蔵の伝記教材の紹介とともにまとめた論文が、「教材「宮本武蔵」（武者小路実篤）論——剣豪の伝記の教材化の意味——」（東京学芸大学紀要　第二部門　人文科学」第三十七集　東京学芸大学昭六一・二）である。教育現場の教師たちには、剣豪の伝記だけに違和感があろう。

教材「宮本武蔵」は旧制中学校の教科書、岩波編輯部編『国語　巻二』（岩波書店　昭一二・一二　訂正再版）に採録されている。この教科書には教師用指導書としての、『国語　学習指導の研究』が出版されている。この教授参考書（教師用指導書）では、教授参考書の必要の是否、教材の位相等とともに、学習活動のあり方について記述されている。岩波版『国語』の学習指導・学習活動のあり方は、すべて西尾実の理論に基づいている。すなわち、西尾実の理論である読み・解釈・批評の三段階による指導の方法が示されているのである。

これらの論文は、拙著『国語教育の理論と課題』（高文堂出版社　昭六二・九）に収録してある。私の国語教育についての理論をまとめたもので、私の国語教育研究のひとつの区切りの意味をもたせた著書である。その後も大衆児童文学およびマンガについてと、読書に関する文章を書き続けてきた。それらの論文等は次の通りである。

○児童文学と子ども——大衆的と芸術的という色分けのこと——（「文学と教育」第一〇集　文学と教育の

会　昭六〇・一二）
○児童文学をとらえる視座――読書のあり方の意味を問うことから――（「野の馬」第八号　東京学芸大学児童文学研究ゼミ　昭六三・七）
○〈少国民〉の文学――大衆児童文学排斥の時代――（『講座昭和文学史』第二巻　有精堂　昭六三・八）
○娯楽としての読書教育（「読書科学」第三十二巻第三号　日本読書学会　昭六三・一〇）
○講談社文化と国語教育――読書の活性化と基礎学力の回復――（「学芸国語教育研究」第七号　東京学芸大学国語科教育研究室　平二・七）
○マンガ文化は〈悪〉か――現代社会を再考する――（「産経新聞」夕刊　産経新聞社　平三・一〇・二）
○児童図書は総ルビで――日常の読書と学年別漢字配当――（「文学と教育の会会報」第二一号　文学と教育の会　平四・三）
○現代文化と国語教育――芥川の童話とマンガの価値をめぐって――（『国語教育の再生と創造』教育出版　平八・三）
○小学生に必要な古典文学の素養（拙著『子ども文化と教育のひずみ』高文堂出版社　平八・一一　初出）
○学校図書館の充実と読書（「月刊国語教育研究」第二九七号　日本国語教育学会　平九・一）
これらの文章を書いてきたわけだが、「小学生に必要な古典文学の素養」は、拙著出版のために書き下した文章である。

かつて外国文学の読書は抄訳ではなく完訳で、ということが繰り返し言われたことがある。それらを受けて日本の古典文学の現代語訳が全否定されることになって、書店から消え図書館から消えて久しい。日本の古典文学も原典で読むべきだというのである。

古典文学の現代語訳は小学校高学年から中学生向きに出版された。昭和二十四年から昭和四十一年までに出版された古典文学の再話・現代語訳の少年少女のための全集のリストを『子ども文化と教育のひずみ』で作成してある。小学生が古典文学を原典で楽しめるわけがない。現代語訳でいいのである。そこで、子ども向けの鈴木三重吉『名作物語　かぐや姫』と大人向けの田辺聖子『竹取物語・伊勢物語』を比較し、鈴木三重吉の現代語訳は少しも遜色がないということを論じた。

小学生が古典文学の現代語訳を読むことによって、古典文学の素養が身につくことの意義を論じたのである。このような読書があってもいいと今でも考えている。

また、右に記した「学校図書館の充実と読書」では、〈読書〉の定義の見直しが必要であり、マンガも〈読書〉と考えるべきであることを論じた。そのうえで、子どもたちがマンガやマルチメディアから、どのような能力を培っているのかを、解明すべきであるという提言をおこなった。また、マンガはイメージを広げるには限界があるという考え方に対して、決してそんなことはないのだという反論もおこなった。

このようにあれこれと書き綴ってきたわけだが、少年の犯罪が発生すると、マンガや娯楽としての読書に原因があるという主張がまかり通っていることに、かねがね疑問をもっていた。果たして本当にそうなのだろうか。

平成九年六月末、残忍な神戸小六殺害事件が起きた。この残忍な事件の動機や殺害の手口に、『金田一少年の事件簿』や『トイレの花子さん』、あるいは『怪人二十面相』等の影響がみられると、多くのマスコミは報じたのである。少年等の犯罪が起きると、マンガと大衆児童文学批判が噴出する。それらの批判に対する反論を書いたのが次の論文である。

子ども文化を軸にした論争を——神戸の小六殺害事件で考えたこと——（「国語の授業」第一四一号　一光社　平九・八）

この論文を評価してくれたのが、あゆみ出版の雑誌「子どもと教育」の編集者である。そして同誌に執筆したのが次の論文である。

放課後の子ども文化——娯楽文化をとらえ直そう——（「子どもと教育」第三一七号　あゆみ出版　平九・一二）

ここでは、まず神戸の小六殺害事件の犯行声明にあった〈バモイドオキ教〉という語は、〈バイオ擬き教〉だと解読した。そのうえで小・中学生学力調査（新学力テスト）の結果をふまえて、国語科という教科では学習を成立させるための基礎学力は担えないのだということを明確に示した。必要なのは国語科という教科を含めたあらゆる教科の、学習活動が成立するための潜在的な能力である。それは、学校文化とはまったく無縁な子ども文化が担ってきたのだということを論じた。潜在的な能力の育成に必要なのは、娯楽としての読書であり、マンガも読書であるという発想だと提言した。発想の転換が必要なのである。

これらの論文は拙著『マンガと読書のひずみ』現代ひずみ叢書12（高文堂出版社　平成一〇・九）に収録してある。ところで、発想の転換ということだが、発想の転換の必要性については平成六年に提言してある。それは「必要な発想の転換——学習の基礎学力と評価の問題——」と題した文章で、「文学と教育の会会報」第二十六号（平六・九）に執筆した。この文章は拙著『子ども文化と教育のひずみ』現代ひずみ叢書8（高文堂出版社　平八・一一）に収録してある。

平成十三年に私は「放課後の子ども文化」という論文をふまえて、「学習活動を成立させるための潜在的な力の育成を」と題した論文をまとめた。この論文は、子ども未来社編集部編『これからの授業づくり【基礎・基本】の大研究』（子どもの未来社　二〇〇一・一二）の出版にかかわっての執筆である。

読書論にかかわって、昭和初期の大衆児童文学批判、昭和二十年代の大衆児童文学とマンガ批判についての、実態を明らかにした二本の論文を書いた。いずれも娯楽としての読書の否定についての内実を明確に示したものである。その論文は次の通り。

○大衆児童文学の昭和史序説――『改造』の少年小説・少女小説批判――（「文学と教育」第三十七集　文学と教育の会　平一一・六）

○昭和二十年代の読書論――娯楽としての読書の全否定について――（「文学と教育」第三十九集　文学と教育の会　平一二・六）

このようなこれまでの私の読書論をふまえての、国語教育とのかかわりに関する提言に、「マンガと国語教育を架橋するもの――絵画表現を読む読書から総合学習へ――」（「月刊国語教育」別冊『新しい表現指導のストラテジー』東京法令出版　平一二・五）があり、娯楽としての読書をふまえた教師のありようについての提言に、「読書に親しむ態度を育てる教師」（「月刊国語教育研究」第三四一号　日本国語教育学会　平一二・九）がある。（本書32頁および41頁参照）

私の読書論は娯楽としての読書のあり方を、どのように形成させるかとその追求にある。研究の基盤は児童文学研究にある。児童文学研究と国語教育とのかかわりでいえば、小学校の国語科教育はまさしく児童文学とかかわっているのである。この問題にかかわって、拙著『児童文学のある教室』（高文堂出版社平四・九）がある。児童文学は国語科教育とまったく無縁ではないのである。

児童文学を小学校教員養成課程の基礎科学（教科専門）として位置付ける必要があると私は考えている。基礎科学（教科専門）にかかわっていえば、中学校の国語科教育は古典文学と近・現代文学等にかかわっている。この問題にかかわって、拙編著『教室の中の古典と近代文学』（ＫＴＣ中央出版　平五・一一）がある。

私の国語教育研究はまさしく、児童文学研究が基盤になっている。さらにいえば、国語教育の遺産は児童文学そのものにあるのである。そのことは、拙著『国語教育の遺産と児童文学』（高文堂出版社　昭和五九・五）で論じてある。

国語教育の遺産と児童文学にかかわって、戦後の国語教育史も児童文学を視野に入れて、その歴史を再検討すべきだと私は考えている。戦後国語教育史の再検討の資料を提示したのが、拙著『児童文学批評と国語教育――昭和20年代の文献と解題』（高文堂出版社　平六・一〇）である。これは文献書誌の仕事である。

ともあれ、大衆児童文学の昭和史は私の研究課題なのだが、荷が重過ぎるのでとりあえず、拙著『占領下の文壇作家と児童文学』（高文堂出版社　平一七・七）で、三一書房の『少年小説体系』（第一期）の月報に連載した、「大衆児童文学の戦後史」の増補版をまとめておいた。私なりの歴史観による戦後史である。私なりの歴史観を示した研究書でいえば、『子ども文化にみる綴方と作文――昭和をふりかえるもうひとつの歴史』（ＫＴＣ中央出版　平一六・五）がある。共に解放史観によらず敗戦史観による研究である。つまり、戦後は終戦であり解放であったが、敗戦であり占領でもあったという視点からの研究である。このような視点で、今後は戦後の大衆児童文学の作品論に取り組んでいきたいと考えている。

（記念出版編集委員会　代表・米谷茂則編『研究とエッセー文学と教育の周縁—根本正義教授定年退職記念出版』高文堂出版社　二〇〇六年十二月　一部加筆）

附・書誌　大衆文学論のなかの『大菩薩峠』

東京都羽村市郷土博物館の蔵書の中に、昭和三十二年八月に黎明社から刊行された、笹本寅編『少年大菩薩峠　机龍之助の巻』と笹本寅編『少年大菩薩峠　宇津木丘馬の巻』の二冊がある。『大菩薩峠』はさまざまに論じられている。少年版『大菩薩峠』は、大衆児童文学としてどのように評価されるのだろうか。大衆文学論のなかの『大菩薩峠』の位相から、少年版『大菩薩峠』を探るために、大衆文学論のなかの『大菩薩峠』の書誌を編んでみた。

三田村鳶魚著『大衆文芸評判記』　汎文社　昭和八年十一月
中里介山の『大菩薩峠』上下
山本三生編纂者代表『日本文学講座　第十四巻　大衆文学論』　改造社　昭和八年十一月
明治以降新聞小説年表解題　蛯原八郎
大衆文学名作解題百篇　木村毅編
　中里介山◇大菩薩峠◇
　　◇浄瑠璃坂のあだうち◇
　◇夢殿◇
笹本寅著『大菩薩峠』　河出書房　一九五六年九月

中里健著『兄　中里介山』　春秋社　昭和三十二年三月
『別冊　近代映画』大菩薩峠特集号　近代映画社　昭和三十二年八月
『日本文化研究　二』第七冊　新潮社　一九五九年二月
《大菩薩峠》とその周辺　堀田善衛
荒正人　武蔵野次郎編『大衆文学への招待――庶民のなかの文学――』　南北社　昭和三十四年十一月
口絵「大菩薩峠」（中里介山作）さし絵
注・画家の変遷
大衆文学史　荒正人
作品論　机竜之助の魅力　平野謙
大衆文学名作解題　大菩薩峠　武蔵野次郎
『国文学　一月臨時増刊　大衆文学のすべて』第十巻第二号　学燈社　昭和四十年一月
作家論　中里介山――机竜之助の造形をめぐって――　草部典一
尾崎秀樹著『大衆文化論（大和選書7）――活字と映像の世界――』　大和書房　一九六六年十月
歴史のドラマ　中里介山と大逆事件
尾崎秀樹著『大衆文芸地図　虚構の中にみる夢と現実』　桃源選書　桃源社　昭和四十四年九月
虚構のなかの英雄たち
ニヒルの剣士竜之助
峠の感覚―中里介山

《峠》に立つ人

記念館周辺

野人介山

尾崎秀樹著『大衆文学五十年史』　講談社　昭和四十四年十月

二章　時代小説の系譜

中里介山の「峠」

尾崎秀樹　多田道太郎共著『大衆文学の可能性』　河出書房新社　昭和四十六年一月

地上に描かれた巨大な《仏像》――大菩薩峠――　多田道太郎

杵木田龍善著『中里介山伝』　読売新聞社　一九七二年三月

尾崎秀樹著『修羅　明治の秋』　新潮社　一九七三年八月

真鍋元之編『増補大衆文学事典』　青蛙房　昭和四十八年十月

大衆文学小史・その二　発生期（後）

大菩薩峠　中里介山

付録一・作家列伝　中里介山

付録三・関係年表

尾崎秀樹著『文壇うちそと――大衆文学逸史』　筑摩書房　昭和五十年八月

大衆文学はなにを遺したか

大衆文学逸史
　「大菩薩峠」の挿絵
足立巻一　鶴見俊輔　多田道太郎　山田宗睦　山本明　清原康正共著『まげもののぞき眼鏡　大衆文学の世界』　河出書房新社　昭和五十一年九月
　Ⅲ　武器
　　剣の構え　　足立巻一
　Ⅳ　身分・職業
　　被害者の系譜　　山本明
　　義賊　　清原康正
　　人間の格づけ　　鶴見俊輔
松本健一著『中里介山』朝日評伝選18　朝日新聞社　昭和五十三年一月
　序　辺境の死と生
　一　多摩川の辺
　二　青年の彷徨
　三　知の彼方
　四　『大菩薩峠』の世界
　五　砦の夢
　　年譜

八木昇著『大衆文芸館　よみもののやかた』　白川書院　一九七八年三月
興隆期の大衆本
大菩薩峠　中里介山
柞木田龍善著『中里介山と武術』上・下　体育とスポーツ出版社　一九七九年七月
塩原勲著『近代文学――介山と大菩薩峠（上）』　高文堂出版社　昭和五十四年一一月　注・下巻は未刊行

序　浅野晃

注・浅野晃は〈「大菩薩峠〉は時代を幕末に求めているが、思想史としては明治大正昭和史であり、世相史としても同じ事が言える。〉と記している。

一　大菩薩峠への試みとして
（一）初期作品をめぐって
二　無常史観の成立まで
（二）大逆事件と介山
（三）無常史観の確立と女性
三　「間の山節」と大菩薩峠
四　机竜之助について
五　救済と表現
（一）与八と弁信について
（二）お松について

六　理想国と介山
（一）駒井能登守の場合
（二）お銀様の場合
七　「百姓弥之助の話」と介山
（一）宗教としての「百姓弥之助の話」
（二）介山と戦争について（日支事変）
（三）農および植民について
（四）塾教育について
あとがき

大佛次郎　川口松太郎　木村毅監修　尾崎秀樹　中島河太郎　和田芳恵編集『大衆文学大系別巻　通史・資料』　講談社　昭和五十五年四月

大衆文学通史　時代小説
「大菩薩峠」の開始　尾崎秀樹
大衆文学年表　大衆文学研究会編
参考文献
講座・事典　社史ほか　研究・評論　自伝・随筆・エッセイ
雑誌特集　個人全集　全集　大衆文学研究会編
新聞・雑誌一覧　大衆文学研究会編

尾崎秀樹著『峠の人　中里介山』　新潮社　一九八〇年八月
尾崎秀樹著『中里介山　孤高の思索者』　頸草書房　一九八〇年十月
伊藤和也著『中里介山論―「大菩薩峠」の周辺』　未来工房　一九八一年十二月
池田浩士著『大衆小説の世界と反世界』　現代書館　一九八三年十月

I　行動する想像力―― 大衆小説の読者

2　代行者としてのヒーローたち

『大菩薩峠』とその読者

歴史を生きる

中村文雄著『中里介山と大逆事件』　三一書房　一九八三年五月
折原脩三著『『大菩薩峠』曼荼羅論』　田畑書店　一九八四年五月
鶴見俊輔著『大衆文学論』　六興出版　昭和六十年六月

大衆文学ノート

折原脩三『大菩薩峠曼荼羅論』

橋本治著『完本チャンバラ時代劇講座』　徳間書店　一九八六年一月

14　大正二年、中里介山『大菩薩峠』に於ける、机竜之助の不可解

15　そこには確かに《何か》がある

16　悪気を孕んで男は笑う

17　男の領域・女の領域

18　どうして男は女を殺すか
19　再び、それが時代劇である理由
伊藤和也著『増補　中里介山論』　未来工房　一九八六年七月
尾崎秀樹著『さしえの50年』　平凡社　一九八七年五月
野口昂明「大菩薩峠絵本」
石井鶴三――さしえ問題の紛争――
「石井鶴三全集」の刊行
中里介山の反駁
マスコミの反響
さしえ画家88人のプロフィール
吉本隆明著『夏を越した映画』　潮出版　昭和六十二年六月
Ⅱ　「大菩薩峠」
「大菩薩峠」（完結編）
桜沢一昭著『中里介山の原郷』　不二出版　一九八七年七月
梁取三義著『小説　中里介山――大菩薩峠の世界――』　光和堂　一九八七年十一月
島野功緒著『時代劇博物館《パビリオン》』　毎日新聞社　一九八八年六月
第七章　「机」からヒントを得て
「眠」――虚無の剣士たち（上）

竹盛天雄著『介山・直哉・龍之介』　明治書院　一九八八年七月
尾崎秀樹著『大衆文学の歴史　上　戦前篇』　講談社　一九八九年三月
大衆文学の歴史　前史
中里介山の軌跡
「大菩薩峠」の開始
縄田一男編『時代小説・十二人のヒーロー　時代小説の楽しみ別巻』　新潮社　一九九〇年十一月
机竜之助〔大菩薩峠〕
虚無と救済のカルマ曼荼羅　縄田一男
編者解説　縄田一男
秋山駿著『時代小説礼讃』　日本文芸社　一九九〇年十二月
中里介山
三度目の『大菩薩峠』
縄田一男著『時代小説の読みどころ』　日本経済新聞社　一九九一年六月
Ⅰ　時代小説の昭和史
剣豪たちの軌跡
剣の意味するもの
歴史小説と時代小説
史実と虚構の間にあるもの

武井昌博著『中里介山　愛の屈折』　星雲社　一九九二年四月
松本健一著『中里介山——辺境を旅する人』　風人社　一九九三年六月（昭和五十三年一月刊の朝日新聞社　朝日評伝選18の新装版）
『幻想文学　第三十八号〔季刊〕特集・幻摩妖怪時代劇』　幻想文学出版局　一九九三年六月
水のほとりで——馬琴・介山・史郎　川村湊
『日本不思議架空伝承人物読本　別冊歴史読本48号（19巻19号）／読本シリーズ⑧』　新人物往来社　一九九四年六月
剣を取っては日本一　机龍之助　縄田一男
遠藤誠治著『中里介山　その創世界』　オリジン出版センター　一九九四年二月
大井廣介著『ちゃんばら芸術史』深夜叢書社　一九九五年九月

4　『大菩薩峠』と『燃ゆる渦巻』

澤正ゾッコン
介山猾介
机龍之助は次元を異にしている
介山は強くなった

7　大衆文芸

机龍之介の影響
林不忘

今村仁司『「大菩薩峠」を読む――峠の旅人』　筑摩書房　一九九六年九月
『別冊宝島　二八九号　この時代小説を読まずに死ねるか』　宝島社　一九九六年十二月
Ⅱ　秘剣、豪剣、魔剣
【ニヒリストヒーロー】
机龍之介の末裔たち
虚無と破壊のヒーローが体現した時代精神　縄田一男
桜沢一昭著『中里介山と大菩薩峠』　同成社　一九九七年六月
野崎六助著『謎解き大菩薩峠』解放出版社　一九九七年十一月
大村彦次郎著『時代小説盛衰史』筑摩書房　二〇〇五年十一月
時代小説盛衰史
第一章
都新聞の雑報記者
大逆事件と中里介山
「大菩薩峠」の登場
第二章
都新聞の長谷川伸
中里介山の退社
「大菩薩峠」の刊行

第五章
　円本全集の流行
第七章
　「大衆文芸評判記」
第八章
　中里介山の落選
第九章
　中里介山の死

特集雑誌

『文芸　臨時増刊　中里介山大菩薩峠読本』　河出書房　昭和三十一年四月
国民文学論　白井喬二
介山文学の倫理　瀬沼茂樹
「大菩薩峠」を評す　谷崎潤一郎
机龍之介の魅力　平野謙
中里介山文芸作品案内記　中谷博
座談会　日本最大のロマン　大菩薩峠をめぐって
　司会・荒正人　大井広介　竹田泰淳　高橋磌一　小山清　埴谷雄高

大菩薩峠挿絵変遷史話　神保朋世
作品研究
Ⅰ
机龍之介系譜　小松伸六
剣の文学　海音寺潮五郎
大菩薩峠とカルマ曼荼羅　浅見淵
無明の世界　中山義秀
Ⅱ
国文学者の見た大菩薩峠　吉田精一
歴史学者の見た大菩薩峠　高橋磌一
女流作家の見た大菩薩峠　円地文子
心理学者の見た大菩薩峠　佐藤忠男
Ⅲ
大菩薩峠文学紀行　福田清人
大菩薩峠絵地図　神保朋世
大菩薩峠に対する諸家の批評
大菩薩峠読後感　田中智学
剣・人・自然　村松梢風

筆能く人を斬る　矢田挿雲
介山の風格　長谷川伸
大菩薩峠芝居話　平田蘆江
私の龍之助感　沢田正二郎
机龍之助の人間的興味　守田勘彌
剣即禅　島田正吾
大菩薩峠と私　渋沢秀雄
自由人机龍之助　大宅壮一
中里介山の「大菩薩峠」　三田村鳶魚
劇「大菩薩峠」の系譜　三宅周太郎
座談会　大菩薩峠よもやま話
　稲垣浩　辰巳柳太郎　三村伸太郎　久松喜世子　早川雪州　中里幸作　渥美清太郎
　南波武男（司会）
二十年前の思い出　三村伸太郎
人物研究
西隣塾《ママ》記抄　小山清
介山先生の追憶　高野狐鹿
漂泊者文芸の流れ　奥野信太郎

白骨温泉と介山　北原謙司
介山と交友記　木村毅
対談　兄介山を語る　中里幸作　きく人　笹本寅
小説大菩薩峠の周辺
大菩薩峠の舞台　添田知道
大菩薩峠の旅　田部重治
カメラルポ　大菩薩峠の山旅　川崎隆章
何故読まれたか何時読まれたか　山崎安雄
小説大菩薩峠の建碑　笹本寅
作品
甲源一刀流の巻
愛染明王
お妻の局
中里介山年譜
中里介山重要文献目録
『大菩薩峠』　編集・尾崎秀樹（『国文学解釈と鑑賞』別冊）　至文堂　平成六年一月
対談「大菩薩峠」の魅力　安岡章太郎　尾崎秀樹

机龍之介のモデルは、北一輝なのか　松本健一
『大菩薩峠』　大河内昭爾
『大菩薩峠』の自然観　高田宏

『大菩薩峠』の基底

中里介山とキリスト教（内村鑑三）　磯貝勝太郎
中里介山と大乗仏教　志村有弘
中里介山と社会主義　清原康正
中里介山の反戦詩　安宅夏夫
中里介山とトルストイ　柳富子
西隣村塾——教育者中里介山　桜沢一昭
『隣人之友』——中里介山の総合雑誌　桜沢一昭
『遊於処々』論　榊原和夫
中里介山とナショナリズム　鈴木貞美
中里介山と女性　伊藤和也
考証　間の山ぶし　尾崎秀樹
『大菩薩峠』と武芸　戸部新十郎
『大菩薩峠』の構造と文体　中島誠
『大菩薩峠』の映画と演劇　縄田一男

『大菩薩峠』の挿絵　渡辺圭二

巻別論（作品論と梗概）

1 甲源一刀流の巻　2 鈴鹿山の巻　3 壬生と島原の巻　4 三輪の神杉の巻　5 龍神の巻
6 間の山の巻　7 東海道の巻　8 白根山の巻　9 女子と小人の巻　10 市中騒動の巻
11 駒井能登守の巻　12 伯耆の安綱の巻　13 如法闇夜の巻　14 お銀様の巻
15 慢心和尚の巻　16 道庵と鰡八の巻　17 黒業白業の巻　18 安房の国の巻　19 小名路の巻
20 禹門三級の巻　21 無明の巻　22 白骨の巻　23 他生の巻　24 流転の巻
25 みちりやの巻　26 めいろの巻　27 鈴慕の巻　28 Oceanの巻　29 年魚市の巻
30 畜生谷の巻　31 勿来の巻　32 弁信の巻　33 不破の関の巻　34 白雲の巻　35 胆吹の巻
36 新月の巻　37 恐山の巻　38 農奴の巻　39 京の夢おう坂の夢の巻　40 山科の巻
41 椰子林の巻

主要登場人物事典

『大菩薩峠』文学散歩　渡部芳紀

『大菩薩峠』研究史と文献目録　伊藤和也

中里介山年譜　付「大菩薩峠」発表一覧　尾崎秀樹　監修

文学アルバム『大菩薩峠』　渡部芳紀

特集・中里介山『大菩薩峠』（『現代文学史研究』第九集）　現代文学史研究所　二〇〇七年十二月

中里介山と『大菩薩峠』　大久保典夫
「大菩薩峠」論のためのメモワール　諸田和治
『大菩薩峠』覚書　郡継夫
『大菩薩峠』における姦通――性と法　倉持三郎
弁信とは誰か?――中里介山『大菩薩峠』論　大井田義彰
『大菩薩峠』考　山根正博
登場人物の問題ならびに〈語り〉をめぐって――「大菩薩峠」私論　高山京子
大乗小説の行方――『大菩薩峠』と『法華経』　岩田真志
吉野村対談――吉川英治の中里介山観　櫻沢一昭
中里介山と机龍之介　松本鶴雄
幻の『大菩薩峠』（コラム）（馬）
老巡礼殺しと将門伝説　――中里介山『大菩薩峠』の周辺　野中潤
「主人公＋非人間」のからくり　安藤聡
『大菩薩峠』「間の山の巻」考　――お玉とお豊をめぐって　田口公才
文学散歩・羽村市郷土博物館（コラム）　文と写真・岩田真志
『大菩薩峠』を読み終えて　粟野浩二

この書誌は、いってみれば抄である。本稿でも記したが、『大衆文学大系別巻　通史・資料』所収の「参考文献」を一冊一冊丹念に調査する必要がある。そのうえで、作家別・作品別の書誌をあらためて作成することが求められるし、その必要性を痛感している。

本書誌の作成にあたって、山根正博氏の協力を得たことを付記しておく。

（「現代文学史研究」第十集　現代文学史研究所　二〇〇八年六月一日）

Ⅳ

私の国語教育研究の軌跡

――東京学芸大学での二十七年間をふりかえる――

私の国語教育研究の出発

私が東京学芸大学に助教授として勤務したのは、一九八〇（昭和五十五）年の四月だから、定年を迎える二〇〇七（平成十九）年三月で二十七年間の勤務ということになる。

立正大学文学部国文学科を卒業してすぐに、大東文化大学第一高等学校に勤務したのが一九六四（昭和三十九）年である。大東一高には十六年間勤務した。通算すると平成十九年度で教員歴は四十三年になる。

二〇〇七（平成十九）年二月七日に最終講義をおこなった。この最終講義では、東京学芸大学での二十七年間における、私の国語教育研究の軌跡をふりかえることにしたわけだが、その前に大東一高での私の研究と実践にふれておくことにする。

私が最初に国語教育に関する論文を書いたのは一九六四（昭和三十九）年十一月で、昭和三十九年度東京都教育研究助成金による研究『高等学校国語教育と児童文学』を報告書としてまとめた。翌年、昭和四十年度東京都教育研究助成金による研究『鈴木三重吉論――三重吉の綴方理論をめぐって――』（昭四〇・一二　報告書刊行）をまとめ、一九七二年には昭和四十七年度東京都教育研究助成金による研究『国定国語教科書と民話の研究――特に「桃太郎」を中心とした考察――』（昭四七・一二　報告書刊行）をまとめた。

研究の主軸は鈴木三重吉研究と児童文学研究だったが、これらの研究をふまえながら、高等学校の教師の立場から児童文学を論じたいという思いもあり、一九七六（昭和五十一）年三月に大東文化大学第一高等学校の『研究紀要』第十一集に、「国語教育と児童文学――高等学校における『現代国語』の場合――」を執筆した。

この論文について、日本児童文学者協会の雑誌『日本児童文学』（ほるぷ総連合）の編集長・古田足日氏が同誌第二十二巻第七号（昭和五一・六）の「編集後記」で次のようにとりあげてくれた。
☆会員（筆者注・日本児童文学者協会会員）の仕事もう一つ。大東文化第一高校の紀要に根本正義氏が発表している「国語教育と児童文学」、このタイトルは小学校ならまたかというようなものですが、副題が「高等学校における『現代国語』の場合」であり、高校の「現国」教科書十五社発行のもののうち、「児童文学作品らしきものは皆無に近い」ことが報告されています。一度だけ石井桃子「子どもの図書館」中の一部分『ちびくろさんぼ』論がのったことがあったが、五十一年度改訂では姿を消した、ということです。根本氏のこの論、なぜ高校で児童文学が必要なのか、その根拠が示されていないのが残念でしたが、一つの問題提起で、盲点をつかれた感じでした。
古田足日氏がとりあげてくれたこの論文も含めて、高文堂新書17『高等学校国語教育と児童文学』（高文堂出版社　昭和五二・九）を出版した。

この拙著について、いくつかの雑誌が話題にしてくれた。『研究と指導　高校クラスルーム』一月号（旺文社　昭和五三・一）の「告知板」欄では、〈『高等学校国語教育と児童文学』（昭和52・高文堂出版社）／著者は大東文化一高の根本正義氏。児童文学に対する筆者の立場を明らかにし、読書指導の問題を論じ、また高校国語教育と児童文学の関連性の乏しさについて問題提起をしている。（小）〉と紹介された。

雑誌『国語展望』第48号（尚学図書　昭和五三・二）の「【書籍紹介】」欄では次のように紹介された。

『高等学校国語教育と児童文学』根本正義著

これは、大東文化大学第一高等学校の根本正義教諭の、高校国語教育と児童文学についての考察をまとめた論文集である。

「児童文学について考える時期は、一般的には、父親、母親になる時と、高等学校時代以外にはないのではないか」という、著者の考えに基づいての多くの実践報告が収録されており、興味深い。漱石の「坊ちゃん」、ルナールの「にんじん」、竹山道雄の「ビルマの竪琴」、浜田広介の「泣いた赤鬼」等、多くの作品と高校国語指導とのかかわり合いが述べられる中から、著者の「高校生への文学指導はいかにあるべきか」の展望が明らかにされている。（高文堂新書17、一一六ページ）

また、雑誌『日本児童文学』三月号（偕成社　昭和五三・三）の「評論・研究書新刊案内」欄では、

根本正義著　高等学校国語教育と児童文学　（高文堂出版社　昭和52・9月）

「高等学校における国語教育のなかで、彼らに児童文学について考えさせたり、あるいは童話をもう一度読ませ幼児の回想をさせることは、必要なことではないだろうか。『子ども』を考えることのできるのは、母親や父親になる時期と高等学校以外にありえないのだ」の立場に立つ著者の高等学校国語教育における児童文学研究・実践記録というユニークな児童文学論集である。

著者は高等学校国語教育の現場において、児童文学の立場から「坊ちゃん」、「ビルマの竪琴」、「にんじん」、「泣いた赤鬼」を論じ、高等学校の国語教育において児童文学を正面から取りあげる必要性をうったえる。

今なお少年層に多くの読者をもつ「坊ちゃん」においては、冒頭の書きだしから子どもたちをひき

つける魅力をもち、登場人物がそれぞれありあまるほど個性をもって登場していること、中学生の子どもたちが生き生きと描けていること、筋のダイナミックな展開、そこにユーモアと冒険があること、作者の正義と誠実を尊ぶ情熱が一貫して強く流れていることなどから、児童文学としても高く評価し得るとする。

一方、高等学校の教科書（現代国語）の掲載作家・作品について詳細に検討を加え、児童文学作品と呼べるものはまったく収録されていないと断じ、原典が児童文学作品であるものとして、竹山道雄原作のシナリオ「ビルマの竪琴」一編と児童文学のジャンルに入れていい翻訳作品ルナール作「にんじん」一編しかないとし、それらが原作とはちがって戯曲として入れられていることや、児童文学としてのあつかいがなされていないことなどを批判する。

その他、高校における児童文学の実践記録として「泣いた赤鬼」の感想文の掲載・論考など、高校における児童文学のあつかわれ方、その必要性の大きさを高校の国語教育の実態をふまえて論じられた注目すべき研究・論文集である。（萬屋秀雄）

と紹介された。

これらの研究以外に、『鈴木三重吉と「赤い鳥」』（鳩の森書房　昭和四八・一）、前述した『国定国語教科書と民話の研究』を再録した『幼児教育のための児童文学——子ども文化と絵本・幼年童話——』（高文堂出版社　昭和四九・一〇）、『昭和児童文学論』（高文堂出版社　昭和五〇・八）、『鈴木三重吉の研究』（明治書院　昭和五三・一一）等を出版した。

こうした研究が評価されて、東京学芸大学に勤務することになったのである。

国語教育に関する文献書誌五部作

東京学芸大学に勤務する前は、大東文化大学第一高等学校に在職していたわけだが、大東一高での十六年間は、鈴木三重吉や『赤い鳥』、そして児童文学を軸にした研究に明け暮れていた。そのため、東京学芸大学で国語科教育法という授業科目を担当するのは初めてで、ほぼ五年間は自転車操業であった。

この五年間は国語教育に関する文献を読み漁った。その結果、いくつかの発見があった。

そのひとつは、これだけの文献に目を通しておけば、国語教育研究を志す者は国語教育研究の現在と今後の研究の方向とが理解できるという、国語教育研究の基礎文献が厳選できたことである。それらの文献の総目次と注を付して編んだのが、B6判二四四頁の『国語教育基本文献』(高文堂出版社　平成五・一二)である。

文献目録として特記しておきたいのは、野地潤家編『国語教育史資料　第六巻　年表』(東京法令出版　昭和五六・四)である。この年表は明治元年から昭和三十二年までの、国語教育文献と国語教科書を中心にしたもので、B5判七九六頁もの詳細かつ膨大な年表である。

この年表の中からまず何を読んだらいいのか、国語教育を知る上で何が基本文献なのかを判断するのは至難のわざである。その判断をするためには、この年表の中からこれはと思う文献を手当り次第に読み漁る以外にない。読み漁って初めて、この文献とこの文献をしっかり押さえておけばいいのだという判断が生まれるのである。

拙編『国語教育基本文献』は、読み漁った結果の末に辿りついたまさしく国語教育研究基本文献目録なのである。この基本文献目録の位相について、高良美樹氏は次のように紹介してくれた。

本書が編まれる背景には、国語教育研究の基礎・基本となるべき書誌学的分野の遅れがある。「国語科としての教科教育研究の歴史は浅く、わが国の国語科教育をさらに発展していくためには、教育研究情報や教育実践情報の体系的な集積と活用が必要」（本書「あとがき」より）とは、編者がこれまで幾度となく提唱されてきたことであり、自ら率先してこの問題に取り組んできた編者の意思は、本書全体に貫かれている。

基本文献の選択にあっては、「現在において一応の、評価を得ているものとし、第一にこれまでの国語教育における論争を展望できるもの、第二に今後の国語教育のあり方について問題提起のある文献を中心に整理したのが本書である。」という言葉通り、編者自身の国語教育観に裏打ちされたものとして、その姿勢が随所に生きている。

本書は、各文献の総目次に依っている。「今後の国語科教育研究にとって必要な文献目録の作成」という性格上、文献の書名、著・編者名に始まり、巻数、発行年月日はもちろん、細目は総て本文から採り、副題や中見出しに至るまで網羅されている。人名索引を巻末に添え、編者注として各文献の序や参考書目に適宜本文の言葉を取り上げ、説明を加えている。

また、文献の位置と内容を示す「編集後記」なども紹介し、各文献の内容に迫って目次を確認することができる。（中略）

「国語教育研究の分野で基礎文献の整理が遅れていることへのいらだちから、やむにやまれず思いたった仕事」（本書「まえがき」）は、本書によって、国語科教育に携わる者への道しるべとして、置かれたようにも思われる。

基礎文献をふまえた上で、改めて自身の国語科教育に対する姿勢も問われるものではないかと考えさせられる。これからの実践的教育研究のあり方への提唱を含んだ確かな書である。

（『学芸国語教育研究』第12号　東京学芸大学国語科教育研究室　平成六・一二）

このように高良美樹氏は紹介してくれた。私の判断によって示した、その基本文献は次の通りである。まず最初に戦前の国語教育研究を知るうえでの文献を示した。それが次の文献である。

『国語文化講座』（朝日新聞社）　全六巻　別冊附録一冊

第一巻　国語問題篇　　第二巻　国語概論篇　　第三巻　国語教育篇　　第四巻　国語芸術篇

第五巻　国語生活篇　　第六巻　国語進出篇

この講座は、戦前の国語教育の全体像を鳥瞰するための基本文献である。では戦後についてはどうか。刀江書院から刊行された、『国語教育講座』全六巻補遺一巻が戦後の国語教育の全体像を鳥瞰するための基本文献である。二〇〇七年の今でも、充分通用する講座である。今日の国語教育のありようと今後の展望を考察するうえで、ぜひとも目を通しておきたい文献である。刀江書院の講座にふれておく。

第一巻は『言語生活』で三分冊になっており、第一分冊の『言語生活（上）』では、かきことばとして、「手紙・日記・メモ」（大村浜）、「起案・記録・報告・論文」（林大）、「宣伝・広告と言語・文字」（椎橋勇）、「新聞」（土岐善麿）、「文学——創作と鑑賞」（福田恒存）が論じられている。

説明文あるいは説明的文章が教材として小学校の教科書に存在しているが、この巻に示された言語生活における「かきことば」という視点は重要だ。さらにコミュニケーションの問題、小・中・高・大の国語の教育課程の問題、国語学習指導の方法、国語学習指導の技術、国語教育問題史が論じられている。

第六巻には『国語教育資料』として、「戦前の国語教育書中重要なもの二十冊の解題」「戦後の国語教育書全部の一覧表」がある。補遺は『国語学習指導事典』で、貴重な文献である。

教育史、文学史、児童観の変遷、国語教育思潮の変遷、教材観の変遷、作文教育思潮の変遷、国語教材史、児童文芸史――作家と作品の変遷――、国語・教育者総覧等、国語教育の全貌が一冊でわかる、『日本児童文章史』（東海出版社）もまさしく国語教育基本文献である。

以下、私が国語教育基本文献とした研究書と講座の書名を記すことにする。

『言語教育と文学教育』（金子書房）

『生活綴方と作文教育』（金子書房）

『岩波講座　文学の創造と鑑賞』（岩波書店）全五巻

第一巻　文学の鑑賞（1）　第二巻　文学の鑑賞（2）　第三巻　文学の創造（1）

第四巻　文学の創造（2）　第五巻　文学の学習と教育

岩波講座の第一巻は日本の近代文学の小説と詩歌の鑑賞、第二巻は世界の文学作品の鑑賞で、共に中学・高等学校が軸になっているが、この巻ではグリムとアンデルセンの童話と探偵小説としてのコナン・ドイルの作品が取りあげられていて、小学校の教師も必読の巻である。

第三巻は手紙・日記・ルポルタージュ・俳句・短歌・詩・シナリオ等の表現の方法についてで、小・中・高の教師必読といえる。第四巻は小説・詩・戯曲等の構造について論じられている。第五巻も小・

中・高の教師必読といえる。小・中・高の文学の学習と教育はこの講座の第五巻から始まるといっても過言ではない。

なお、『岩波講座　文学』（全八巻）にもふれてある。この講座は教科専門であり、右の『文学の創造と鑑賞』は教科教育である。教科専門と教科教育の一体化がここにある。その意味は重要である。

『講座・小学校の国語教育』（春秋社）全五巻

第一巻　文法教育　　第二巻　聞き読み教育　　第三巻　話し・作文・話し合い教育

第四巻　小学生の文学教育

この講座の第五巻は『生活指導とマス・コミ教育』である。二〇〇七年の今、子どもたちのさまざまな犯罪のニュースを読む時、生活指導のありようの再考を考えないわけにはいかない。その原点がこの第五巻にあるように思う。第一部は「生活指導の出発点」、第二部は「教室の技術」、第三部は「親の問題・子の問題」等で、充分今日的な課題が示されている。そういう意味でまさしく基本文献なのである。

第四巻は『小学生の文学教育』についてであることは記した。児童文学を軸にした小学校における文学教育のありようが示されている。二〇〇七年の今、国語科教育界に児童文学研究は国語教育とは無縁、という考え方が定着しているようだが、そんなことはない。『学習指導要領（試案）昭和二十二年版』以降、今日までの小学校国語教科書の文学教材は、まさしく児童文学作品なのである。

この第四巻『小学生の文学教育』は児童言語研究会の総力をあげての編集で、出版は一九五六年である。その二十五年後に安藤美紀夫は『小学国語文学教材の研究』（教育出版　昭和五六・七）の「前書き」に次のように記した。

児童文学の作品を、常に文学教材としてしか捉えられないとすれば、それは教える方にとっても、教えられる子どもにとっても、不幸なことである。もともと児童文学作品は〈教材〉として書かれたものではないからである。

また、今西祐行は、その著書『随筆集　冬の祭り』（偕成社　昭和五六・二）の中の「私の表現」で次のように書いている。

このごろ、私は何だか教科書作家のように人からいわれることです。教科書用ともうしますか、何か私は教科書に向かって作品を書いているかのように誤解されることがよくあるのでございます。作家や児童文学者が教科書のための教材を書いていたのでは、生計は立てることはできない。教科書への掲載は使用料だからだ。あくまでも作品であって、教材では無いのである。

なぜ春秋社の『講座・小学校の国語教育』第四巻に眼が向かなかったのであろうか。児童言語研究会の講座だからなのだろうか。この研究会は昭和二十六年に民主主義科学者協会の言語部会を母体として発足した。略称は児言研で、解釈学的な立場にたつ三読法を批判して、一回精読主義にたつ一読総合法という、ソビエトの心理学をよりどころとした理論を開拓し、実践している。

ならばなぜ翌年の一九五七年に刊行された、国分一太郎・関英雄・与田準一編『文学教育基礎講座』（明治図書）全三冊に眼が向かなかったのだろう。一九六二年には『戦後文学教育研究史』全二冊が未来社から刊行されているのに、この文献も視野にないまま、児童文学は国語教育とは無縁という考え方が定着してしまった。これらはまさしく国語教育基本文献なのである。

戦後教育の動向の分析に始まり、教育本質論・教育目的論・教育内容論・教育方法論についての論争史をまとめた、船山謙次著『戦後日本教育論争史』（東洋館出版社）全二冊も見落とすことはできない。

以上が私が選定して編んだ、『国語教育基本文献』である。この拙編について加藤久美子氏は次のように紹介してくれた。

国語教育に関する文献書誌三部作完成

これまで研究における文献書誌学の重要性は、どれほど正当な評価を受けてきただろうか。研究の分野に身を置く人ならばだれしもがその必要性を認めながら、時間に追われて、ついおろそかにしがちな領域である。研究はオリジナリティによって光り輝く。そしてそのオリジナリティを支えるものは、過去の研究の成果である。

先人が一生涯かけて歩んできた足跡を短時間で辿ることができるのは、後世に生まれてきた者の特権である。

自然科学の分野では個体発生は系統発生を繰り返すという。おそらく人文科学の分野でも似たようなことはよく起こっている。すごい閃きだと自負しても同じようなことがはるか昔に問題視されていた、あるいはこんなことはとっくの昔に解決されているのだろうと思っていても全く等閑視されていた……など枚挙に暇がない。

人に与えられた時間は限られている。その限られた時間の中でどれだけ大きな実りをもたらす出会いができるだろうか。

私事になるが、定時制高校で国語を教えるようになって早三年。一つのことを三年も続ければ、一人前になってもよいはずだが、恥ずかしながら半人前にもなっていない。昼の仕事に疲れ、さまざまな悩みや満たされない苛立ちを抱え、「もう学校をやめる」と口癖のようにいう生徒たちを相手に、国語の授業の中で、どれだけ彼らを励ます出会いをさせられるか……悩むほどまわりが見えなくなって、惑っていく。本書との出会いは進みゆく道に迷った私にとって、確かで暖かな灯を見つけだしたような思いである。

根本氏はあとがきで「方法論信仰や技術信仰が、研究や実践、あるいは理論を学ぶための、基礎的な資料の紹介や整理、あるいは文献目録の作成等の遅れをもたらしている」と指摘する。本書に収められている文献は「現在において一応の評価を得ているものとし、第一にこれまでの国語教育における論争を展開できるもの、第二に今後の国語教育のあり方について考察するための、問題提起のある文献」が中心である。本書に収められているのは、国語教育の分野を歩まれた先達の叡知の軌跡である。その真摯な道程が、私たちにもたらすものははかりしれない。研究と実践を両輪として動かすために「これまで何が問題とされてきたのか、今何が問題となっているのか」をつかむことが不可欠である。そんな時、本書が、座右の水先案内人として、私たちに、道を示してくれる。迷いながらも、道さえ失わなければ、いつかは、自分の行こうと思っている場所へ、辿りつける。人に大きな実りをもたらす、一つのことばや一冊の本がたくさん集められた玉手箱のような一冊である。

なお、本書と『児童文学のある教室』（高文堂出版社　平四・九）および『教室の中の古典と近代文学』（KTC中央出版　平四・一〇）は根本氏の国語教育に関する文献書誌の三部作である。漏れ聞くところによると、文献書誌の五部作で完結ということを考えておられるとか。

（『文学と教育の会会報』第26号　文学と教育の会　一九九四年九月）

加藤氏がふれてくれた『児童文学のある教室』は小学校文学教材総索引を中心としたものであり、『教室の中の古典と近代文学』は中学校国語教材総索引である。この二作について萬屋秀雄氏は次のように紹介してくれた。

根本正義著『教室の中の古典と近代文学』

戦後の小、中学校国語教科書にはどのような教材（作品）が採択されてきたのか（教材史）、という国語教材研究の最も基本的、基礎的な分野がごく最近まで未整理であった。誰もが気になり喉から手が出るくらい欲しい研究基礎資料（国語教材総索引）であるが、それを体系的に収集・整理するには大変な労力と莫大なエネルギー（研究的情熱）が必要であり、誰もが手を着けずなし得なかった。

この地味な価値ある仕事に正面から取り組み、整理・体系化した功労者がこの書の著者・根本正義氏である。文献書誌学的研究の見事な成果が展開された二冊の書が刊行された事を国語教育研究学界全体のためによろこびたい。

「小学校文学教材総索引」は『児童文学のある教室』に掲載（後述）、「中学校国語教材総索引　昭四一～昭五九」は本書に掲載されている。

本書の章立ては次の通りである。

序にかえて――現代社会の再考とマンガ文化――

教室の中の古典と近代文学――中学校国語教材総索引　昭四一～昭五九――

Ⅰ　教科書の中の古典文学

Ⅱ　教科書の中の近代文学

Ⅲ　教科書の中の児童文学
Ⅳ　教科書の中の外国文学
結びにかえて――ジュニアＳＦと国語教育のこと――
あとがき
執筆者名索引

本書の中心をなす「中学校国語教材総索引」は、膨大な国語教材を教材（作品）別、ジャンル別、執筆者（作者）別に収集・整理した総索引である。しかも中学校教科書教材のすべての国語教材がほぼ漏れなく採り入れられ分類・整理されている労作である。紙幅の都合で、中学校国語教科書の中核ともいうべき「Ⅱ　教科書の中の近代文学」の章のみ、分類（ジャンル別）の項目を以下提示しておきたい。

i　小説
ii　詩
iii　俳句
iv　短歌
v　随筆・評論
vi　紀行・記録文学
vii　伝記文学
viii　戯曲

本書の刊行によって、戦後中学校国語教材史の空白部が埋められることになった。よって多くの国語教育研究者は多大の学恩を受けることになる。同時に本書は著者の戦後教材史論という「ひとつの研究課題の序説」としても位置づけられることになろう。

本書が「序にかえて――現代社会の再考とマンガ文化――」「結びにかえて――ジュニアSFと国語教育のこと――」という二編の大衆児童文学論で中心部を挟み撃ちしているところに著者の国語教育論の方向が示されており興味深かった。著者の壮大な研究展望の中では〈大衆児童文学の昭和史〉があり、それを総論として、各論としての国語教育と大衆児童文学とのかかわりが論じられることになるのであろう。

今後の著者の研究の展開、発展に期待したいおもい大である

根本正義著『児童文学のある教室』

先の著書と姉妹編ともいうべき書である。

長年、児童文学研究を基軸に国語教育研究に取り組んでこられた著者の、児童文学の側からの鋭い提言・切り込みの一書である。

現在の小学校国語科で扱う文学教材（散文）のほとんどは児童文学である。読書指導（文学作品）の対象図書も児童文学が中心になっている。小学校国語教科書に採択されている文学教材の七～八割は現代の日本の児童文学で占められているといって差し支えない。よって小学校の文学教材研究を行う前提として、日本児童文学の歴史と現代児童文学についての体系的な知識（研究）と共に豊かな読書体験が必須の条件になってこよう。更に、児童文学研究の成果を国語教育研究に生かし、国語教育研究（とりわけ実践的研究）の成果を児童文学研究に生かすことの必要性が急務になっている。従来

その交流は微々たるものでしかなかったが、ようやく最近になって、双方を関連づけての研究が行われることになってきたことは、双方にとって有難いことである。

本書の章立ては次の通りである。

Ⅰ　教材研究の視点と教材発掘

Ⅱ　作家研究と作品研究

Ⅲ　児童文学と国語教育――小学校文学教材総索引　昭四四～昭六三――

童話・小説（少年少女小説）

翻訳（童話・小説）

詩（少年少女詩・童謡・わらべ唄）

翻訳（詩）

評論・随筆・ノンフィクション

翻訳（ノンフィクション）

昔話・伝説・神話

翻訳（昔話）

伝記

劇・脚本

和歌・短歌

俳句

古典の現代語訳・再話
執筆者一覧（日本）
執筆者一覧（外国）
教材名一覧

あとがきにかえて――国語の教材としての児童文学――

本書の大半を占めているⅢ章の「小学校文学教材総索引　昭四四～昭六三」は、昭和四十四年（一九六九）年～昭和六十三年（一九八八）年の二十年間の文学教材の、教材（作品）別、ジャンル別、執筆者（作者）別の総索引で貴重な労作である。分類（ジャンル別）に著者の体系化の意図・方向性がうかがえ興味深い。従来、国語教育研究の基礎的研究の弱さが指摘されてきたが、著者のこの度の労作はその欠落部の一端を補完し今後の研究への展望を拓いた研究結果として高く評価される。

問題提起のような形での提案「ノンフィクションはないのか」にも著者の国語教育観がうかがえ興味深い。

「国語教育の分野では、ノンフィクションと言う言葉さえ希にしか聞くことができない。文学でいうところのノンフィクションは、国語教育の世界に存在しないのだろうか。」「国語科教育は文学とは無縁、説明文そのものも文学とは無縁なのだ。国語科教育はそれでいいのだろうか。」などにはっとさせられ、改めて説明文教材とは何かを考えさせられる。

著者にはすでに『国語教育の遺産と児童文学』（高文堂出版社　一九八四）『国語教育の理論と課題』（高文堂出版社　一九八七）『国語教育の創造と読書』（日本書籍　一九九一）（以上、著者の国語教育研究三部作）と、先に紹介した『教室の中の古典と近代文学』（ＫＴＣ中央出版　一九九二）があり、更にこの一書を積み上げられたことになる。著者が提唱している児童文学を基軸にしての国語教育研究の体系化に大いに期待がかけられるところである。

（『立正大学国語国文』第三〇号　立正大学国語国文学会　平成六・三）

その他、佐藤有紀子氏と日向圭子氏が紹介してくれているので、次に引用しておく。まずは佐藤有紀子氏の書評は以下の通りである。

根本正義著『教室の中の古典と近代文学』（一九九二年十月　ＫＴＣ中央出版）

本書は、著者の年来の文献書誌学的な仕事の集大成といえるもので、戦後中学校国語教材史論の序説として位置付けられる一冊である。

本書の内容は、その題名『教室の中の古典と近代文学』の示す通り、中学校国語科教科書に昭和四十一年から昭和五十九年までに採録された文学教材の総目録が収められている。中学校国語教材総索引については、「Ⅰ　教科書の中の古典文学」「Ⅱ　教科書の中の近代文学」「Ⅲ　教科書の中の児童文学」「Ⅳ　教科書の中の外国文学」の四部で構成されており、それらが更に、散文・和歌、小説・詩・随筆・評論、童話・少年少女小説、戯曲・自伝・記録文学などのジャンル別に分類されている。索引は、執筆者名・教材名・出版社名・学年・使用年度・出典の順で整理されており、ある教材についてそれが誰によって書かれたものなのか、また、それがいつ、どこの出版社から出されていたものなのかということについて調べたい場合には大変便利である。本書にはその他「序にかえて――現代社会の再考とマンガ文化――」及び「結びにかえて――ジュニアＳＦと国語教育のこと――」を収載している。

中学校国語教材総索引が編まれた直接の動機は「あとがき」にも書かれているように、根本氏の「個人的な必要に迫られての仕事」である。膨大な資料を一つ一つ丁寧に調べ、分類してゆくという氏の仕事には、ただ感嘆させられるのみである。しかし同時に、本書の刊行は教科書教材に関する書誌学的な研究が従来いかに立ち遅れていたかということを示しているともいえまいか。教科書についての研究を行う際に、基礎的な文献としてこの種の資料は必要不可欠なのであるが、どういう訳か戦後の教材についてはこれまで体系的にまとめられることがなかった。その戦後中学校国語教材史の空白を埋めたという点において本書の果たす意義は極めて大きいといえよう。

尤も教科書教材についての総まとめを行ったからといって氏の大衆児童文学に対する熱烈な想いは全く薄れていない。教科書教材と「大衆児童文学」、一見相反するかのように思える両者が国語教育の場において両立する日が来た時、初めて教室の中の「落ちこぼし」の問題が解消する。本書は貴重な資料であると同時に氏の国語教育に対する考え方をうかがい知ることのできる書でもある。

根本正義著『児童文学のある教室』（一九九二年九月　高文堂出版社）

なぜ『児童文学のある教室』なのか。小学校の国語科教科書は、昭和四十年代中頃から次第に児童文学作品を採録するようになり、現在ではかなりの部分を占めるようになった。今日の児童文学作品と教材とは同時代性をもつのである。ところが、こうした実態は教える側の教師達にはきちんと理解されていないようである。国語教育をめぐる諸問題の一端は、このようなところにも起因しているのではなかろうか。

本書もまた、これまでの根本氏の多数の著書同様、国語教育のあり方について独自の視点から問題提起がなされており大変興味深い。

本書は全体が三部で構成されている。「Ⅰ　教材研究の視点と教材発掘」には、『日本児童文学』『月刊国語教育研究』等に掲載された論文が再録されているが、いずれをとっても根本氏らしい斬新な切り口から論が展開されており、小学校国語科教科書における児童文学とは一体どのような意味をもつのかということを改めて考えさせる内容となっている。特に、「国語科教育と児童文学の融合の軌跡」では児童文学作品が教材化されてゆく経緯を戦争児童文学に絞って論じているが、児童文学と国語科教育の融合ということ自体が氏の研究の方向性をオーバーラップさせるものであるだけにこの一篇が示唆するところは大きい。また氏は教材の分類の方法に対しても疑問を投げかけ、一見理科の教材と間違えてしまいそうな〈説明文教材〉は廃止すべきだと提唱する。そして新たに〈ノンフィクション〉の視点から教材作成を試みている。それが「言語学習・漢字の小さな部分」である。

「Ⅱ　作家研究と作品研究」には、吉田甲子太郎・福田清人・那須辰造等の作家についての解説及び坪田譲治に関する作家・作品論、千葉省三・大石真の作品論が収められている。これらの作家の作品の一部は教材として採られてもいるが、ここでは敢えて「教材」ということを念頭におかずに純粋に作家・作品論として読みたいところである。

「Ⅲ　児童文学と国語教育」では、小学校文学教材総索引として分野別に教材名・執筆者名の一覧が載せられている。前頁に紹介した『教室の中の古典と近代文学』と併せると利用価値は高いであろう。

（『学芸国語教育研究』第11号　東京学芸大学国語科教育研究室　平成五・七）

以上が佐藤有紀子氏の書評である。次に日向圭子氏の紹介してくれた文章を引用しておく。

根本正義著『児童文学のある教室』高文堂出版社　『教室の中の古典と近代文学』KTC中央出版

根本正義氏の近刊二冊を紹介したい。両書ともいわば文献書誌の仕事である。児童文学とのかかわりと国語教育について論じてきた著者が、後者の『教室の中の古典と近代文学』で、鈴木三重吉に関する研究と高等学校の国語教育の研究以来ひさびさに、古典文学と近代文学に視野を広げた。

前者は三部からなる。著者の文献書誌の仕事もおさめた研究書である。第一部は「教材研究の視点と教材発掘」で、冒頭で国語科教育と児童文学との融合の軌跡をたどっている。また、説明文と位置づけられている教材について、ノンフィクションという視野から教材発掘をすべきだ、という提言をおこなっている点も興味深い。

第二部は「作家研究と作品研究」で、坪田譲治・獅子文六・白川渥・阿部知二等について論じ、作品研究では千葉省三の「虎ちゃんの日記」と、大石真の『教室二〇五号』について論じている。

第三部は「児童文学と国語教育」で、昭和四十四年から昭和六十三年までの小学校国語教科書に採られた文学教材総索引である。少年少女小説・童話・小説・少年少女詩・童謡・わらべ唄・随筆・ノンフィクション・昔話・伝説・神話・伝記・劇・脚本・和歌・短歌・俳句・古典の現代語訳に教材を分類し、教材索引と日本と外国の執筆者索引を付し、教材名索引もある。

小学校国語科教科書に、古典の現代語訳や再話が教材化されていたことは、驚きである。

後者も文献書誌の仕事で、その二冊目にあたる。「序にかえて——現代社会の再考とマンガ文化——」は、今の教育のあり方に対する、著者年来の主張でもある。本書は中学校国語教材総索引である。昭和四十一年から昭和五十九年までに教材化された、文学作品の索引である。

四部からなり、第一部は「教科書の中の古典文学」である。散文、和歌―万葉集・古今集・新古今集など―、一茶・芭蕉・去来・蕪村の俳句、川柳、漢詩に教材を分類した索引である。

第二部は「教科書の中の近代文学」で、教材を小説、詩、俳句、短歌、随筆・評論、紀行・記録文学、伝記文学、戯曲に分類している。

第三部は「教科書の中の児童文学」であり、第四部は「教科書の中の外国文学」となっている。巻末に執筆者名索引が付されている。

「結びにかえて――ジュニアSFと国語教育のこと――」が興味深い。塩入すみ氏の高等学校における、筒井康隆著『時をかける少女』の実践報告が紹介されている。高校生の国語科教育についての考え方も示されていて、二十一世紀の国語科教育はどうあるべきなのかという問題提起となっている。特に学力困難校における、実践のあり方について考えさせられる。

（『文学と教育の会会報』第23号　文学と教育の会　平成五・三）

日向圭子氏も注目してくれている、「結びにかえて――ジュニアSFと国語教育のこと――」で記した、塩入すみ氏の実践はぜひともご一読願いたい。

当時の高校生で、この『時をかける少女』を読んでいる生徒が約五〇パーセント、映画・テレビで観たことのある生徒が約七〇パーセントだったという。そういう生徒たちが授業に乗ってきたと報告している。

この授業を受けた生徒たちは、SFや推理小説（探偵小説）が教科書にあった方がいいと考えている。その生徒が、男女共に七〇パーセントもいるというのである。しかし、生徒たちはぜったいに載らないと考えている。

生徒たちの方が、国語科教育の現実をしっかりと考えていることに驚かされた。塩入すみ氏のこの実践に、落ちこぼしを救う手だてのひとつがあるように私には思われる。

『国語教育基本文献』の延長線上の仕事として、子ども文化に関する文献『現代児童文化講座』双龍社（全二巻）、ことばと教育に関する文献『国語教育のための国語講座』朝倉書店（全八巻）、朝倉書店のこの講座は、西尾実・時枝誠記の監修、熊沢龍・倉澤栄吉・阪倉篤義・永野賢・滑川道夫・増淵恒吉の編集によるものである。いわば国語教育基本文献として位置づけることのできる講座で、今後の国語科教育ないしは国語教育の研究の深化、あるいは学問的な研究としての国語教育を考える場合、この講座の対極に位置づけられるところの、国語教育のための国文学講座や、国語教育のための文学講座が必要となる。さらに、国語教育に関する文献『波多野完治国語教育著作集』明治図書（全二巻）、文学に関する文献『現代日本文学論争史』未来社（全三冊）の総目次と、児童文学と国語教育に関する短い文章を収めた、『子どもと教育とことば』（高文堂出版社　平成六・三）を出版した。

『子どもと教育とことば』の出版とともに、やはり『国語教育基本文献』の延長線上の仕事をまとめた、『児童文学批評と国語教育――昭和20年代の文献と解題――』（高文堂出版社　平成六・一〇）を出版した。この本について、志村有紀子氏が次のように紹介してくれた。

本書は二部構成をなしており、第一部では「児童文学批評と国語教育」と題し、『新児童文化』（有光社）『国語文化』（育英書院）『季刊　新児童文化』（中央出版株式会社・国民図書刊行会）『白象』（白象社）『文学教育』（文学教育研究会）の五雑誌の総目次、及び「編集後記」等を載せ、解題を付している。第二部では「子どもの本の作家案内」と題し、児童文学作家のみならず、子どもの本も手掛けたことのある文壇作家の紹介も行っている。

著者の文献書誌の仕事には、小学校文学教材の総索引が載せられている『児童文学のある教室』（高文堂出版社・平成四年九月）、中学校国語教材総索引である『教室の中の古典と近代文学』（ＫＴＣ中央出版・平成四年十月）、国語教育研究のための基本文献の総目次を纏めた『国語教育基本文献』（高文堂出版社・平成五年十一月）、子どもと教育とことばに関する文献の総目次を載せた『子どもと教育とことば』（高文堂出版社・平成六年三月）があり、本書を加えて文献書誌五部作としている。

本書の裏表紙には次のような文章（宣伝文句）が添えられている。〈戦中・戦後を通して歴史の連続と断絶・占領と解放・敗戦と終戦の両面から児童文学と国語教育のつながりを文化情況や、教育のありように対する問題提起を含めて考える情勢分析の手がかりの書〉。本書の利用価値は、まさにこの点にある。文献書誌に関する前四冊からは、時代の流れ、息吹といったものはあまり感じられない。それは、教材総索引の場合は網羅的に文献が集められているためであり、総目次は時代をあまり意識せずに重要なものだけを取り上げて載せたからである。もちろん、分析的に読み取ることで、時代を捕らえることもできる。だが本書は、時代を昭和二〇年代と限定したうえ、雑誌というその時代をダイレクトに伝えるものの総目次であり、児童文学・児童文化の行く末を嘆き、新しい児童文学・児童文化及び教育の方向を模索する情熱を感じさせる。

本書を足掛りとして、さらに詳細な児童文学・文化及び教育に関する研究が成されることを期待したい。

（『学芸国語教育研究』第13号　東京学芸大学国語科教育研究室　平成七・九）

児童文学批評雑誌は国語教育と無縁ではない、直接国語教育に関わっているのだという主張を表明したのが、『児童文学批評と国語教育』という拙著である。この本で総目次を示した雑誌は、従来の国語教育史研究を再検討しなければならない評論等が多数掲載されている。

戦前については『新児童文化』全四冊（有光社）と『国語文化』全二十七冊（育英書院）は必読文献である。昭和二十年代は戦後の出発点であり教育と文化の基盤作りの時期であった。その時期に発刊された、『季刊　新児童文化』全七冊（中央出版株式会社・国民図書刊行会）にはまず目を通すべきだ。第二冊から終刊まで周郷博が編集している。創刊号のみの発行だった『白象』（白象社）、『文学教育』全三冊（文学教育研究会）も必読文献である。

これらの雑誌の内容の詳細については、拙編『児童文学批評と国語教育――昭和20年代の文献と解題――』をお読み願いたいわけだが、管見する範囲内で言えば、いまだにこれらの文献を視野に入れた、国語教育史研究に出会っていない。国語教育史研究の空白を埋める文献が存在しているのだが……。

私が取りあげた雑誌『国語文化』の総目次は、大部な『近代雑誌目次文庫　国語・国文学編』（ゆまに書房）に収録されている。未見の号はこの目次文庫で補足させてもらったが、『国語教育基本文献』もそうだが、この『児童文学批評と国語教育』の文献も、すべて細目は本文から作成したので頁（ノンブル）が入れてある。雑誌『国語文化』にノンブルの無い号は、ゆまに書房の目次文庫からのものである。

ゆまに書房の『近代雑誌目次文庫』には、国語・国文学のみならず、国語教育に関するあらゆる雑誌が取りあげられているが、児童文学関係の雑誌は取りあげないことにしたとある。その意味で私の文献書誌の仕事も、意義あるものだという自負がある。

以上が私の国語教育に関する文献書誌五部作である。

国語教育研究三部作

拙著『鈴木三重吉の研究』を明治書院から出版したのが、一九七八年であった。一九八〇年に東京学芸大学に勤務し、国語科教育の講義ノート作りに四苦八苦していたことはすでに述べた。ようやく一段落ついたのが、一九八四年である。

このあたりでこれまでの研究をまとめておきたい、と思いたって出版したのが『昭和児童文学の研究』（高文堂出版社　昭和五九・四）と『国語教育の遺産と児童文学』（高文堂出版社　昭和五九・五）である。

この二冊について萬屋秀雄氏が、雑誌『日本児童文学』第三十巻第八号（偕成社　一九八四・八）で取りあげてくれた。

〈評論研究評〉根本正義氏の労作、二著ほか　　萬屋秀雄

しばらく沈黙していたかに見えた根本正義氏が、今年に入ってたてつづけに労作二著を刊行した。第一書『昭和児童文学の研究』（高文堂出版社　昭59・4・5）の目次をあげてみよう。（大項目のみ）。

Ⅰ　昭和児童文学の再検討

Ⅱ　林　房雄——プロレタリア児童文学とのかかわり

千葉省三

武井武雄——空想の質についての見解

坪田譲治——子どもの死をめぐる作品の世界

丹羽文雄――戦時下の児童文学と『少国民版ソロモン海戦』――
山岡荘八――敗戦後執筆の少年小説の世界――
尾崎士郎――少年小説『雲の中から』をめぐって――
筒井敬介――童話『ぞうはきせんにのって』をめぐって――
檀一雄研究――「月と砂漠とオオカミ」「永遠の少年の物語」論――
打木村治試論――少年小説『天の園』をめぐって――

右書において、根本氏は意欲的に文壇作家の少年小説追求をこころみている。日本の児童文学の芸術的児童文学とあわせて大衆児童文学の系譜をも重視する立場と、近代文学として児童文学をみる立場とを明確に打ち出している論文集である。

「『天の園』にみられる真摯な作家の態度は、現代の児童文学を考える場合にも、重要な示唆を与えてくれる。それはどういうことかというと、現代の児童文学が子どもを意識することによって、こじんまりと孤立してしまっているという現実を打ち破って、新しい方向を切り拓くための道を指し示してくれている作品だということである。そして、新しく児童文学が生きていく道は、近代文学との関連のなかでの種々の問題解明しかありえないのではなかろうか。それは、文学をどうとらえるか、文学に対する作家のかかわりはどうあるべきか、という児童文学のあり方の問題でもある。」（二三五ぺ）に、氏の立場が鮮明に出ていると共に、氏の今日の児童文学をみる鋭い眼を読みとることができよう。

第二書『国語教育の遺産と児童文学』（高文堂出版社　昭59・5・25）は、児童文学研究を軸にした視座から国語教育を考えた諸論考である。長年の氏の精緻な児童文学研究の成果が遺憾無く発揮された国語教育研究の書であり、文学研究を無視した国語教育研究への警鐘としても意義ある一書といえよう。氏の提唱する「基礎科学をベースとした国語教育研究」は筆者も望むところであり、氏の国語教育研究が右書を足場にして更に発展することを期待したい。

拙著『国語教育の遺産と児童文学』は書名の通り、国語教育の遺産はまさしく児童文学そのものにあるよという、私の主張を表明したものである。

萬屋秀雄氏が〈文学研究を無視した国語教育研究への警鐘としても意義ある一書といえよう。〉と評価してくれたが、そのことを具体的に示したのが、「鈴木三重吉と「赤い鳥」の綴方教育」で、明治書院から出版した『鈴木三重吉の研究』における作家論・作品論が背景にある論稿で、『赤い鳥』の綴方教育は文芸的リアリズムの綴方ではなく、《文芸的写生文による綴方》だと位置づけた。

次に『国語教育の遺産と児童文学』の目次を示しておく。

鈴木三重吉

文学教育の研究序説

——片上伸著『文芸教育論』をめぐって——

『児童文學讀本』の位置

——大正期の国語教育における副読本の問題——

昭和十年代の中学校国語教育

岩波編輯部編『國語』全十巻の位置

資料・岩波版『國語』総目次

戦後綴方教育の研究

——雑誌「赤とんぼ」と『綴方集　風の子』のこと——

Ⅱ　小出正吾と国語教育

小出正吾と国語教育

童話にみる四つの系譜

伝記小説「太平洋の橋」について

教材「のろまなローラー」論

——低学年の今日的教材としての評価——

教材「きっちょむさん」論

——小出正吾の再話をめぐって——

小出正吾年譜
小出正吾著作目録
小出正吾参考文献
あとがき

以上が『国語教育の遺産と児童文学』の目次である。「小出正吾と国語教育」は児童文学研究を国語教育研究に反映させた論稿だが、児童文学に関する著作としては、一九八七年に『新美南吉と児童文学』（高文堂出版社　昭和六二・一）を出版した。

この『新美南吉と児童文学』について、雑誌『日本児童文学』（文渓堂　一九九〇・八）の〈特集／新美南吉――新資料と「ごん狐」考〉の中の、「新美南吉研究の現在――『校定新美南吉全集』以後――」を執筆した上田信道氏は、新美南吉研究の現在について、

本稿では国語教育関係についてのべる余裕はあまりないので、根本正義の『新美南吉と児童文学』について触れておく、ここでは、国語教育関係の論考には校定全集刊行後であるにもかかわらず、問題の多い牧書店版全集を底本にしているものが依然として書かれているなど不充分なものがあり、一般的に言って、教材研究（作品研究）を基礎にするのではなく、何を教えるかや何を教えたいかに関心のあるものが多いことが指摘されている。実践記録についても「教師の立場で、このように教えたというのではいただけない。そうした内容のものが実践記録であるかのような意識が、国語教育研究の世界に蔓延している」とのべている。そして「文学教材の扱いにおいては、確かな教材研究が必要

となろう。そのためには文学研究を基礎とすべきだ」と結論づけているが、同感である。また、紙数の関係で、本稿ではとりあげなかった国語教育関係以外の紀要・雑誌論文についても、根本がこの本で詳しくとりあげているので、参照されたい。

と記し、拙著を評価してくれた。

また、小林俊也氏は『文学と教育の会会報』第12号（文学と教育の会　昭和六二・六）で、『新美南吉と児童文学』について次のように紹介してくれた。

根本正義先生の新著『新美南吉と児童文学』が高文堂出版社より発行された。私ごときが先生の著作について論ずるなどとははなはだ僭越だが、できうる限りその内容の紹介を中心に述べようと思う。

本書は三つの章立てから成っており、第一章は「新美南吉の研究」、第二章は「昭和児童文学私論」、そして第三章が「児童文学評論・研究の動向――一九七九年～一九八四年――」と題されている。いずれも、ここ十年余りの間に根本先生が研究・発表されたものをまとめられた論考である。先行研究を詳細に紹介し、それらの評価をふまえた上で先生の斬新な問題提起がなされている。

『校定新美南吉全集』全十二巻（大日本図書）が完結したのは昭和五十六年五月のことである。この全集の編集・発行により、幾度も改竄を繰り返されてきた南吉文学の原典が明らかにされ、長年来のテキストクリティークの問題が解決された。根本先生も編集委員をなさっており、その仕事にたいへん力を尽くされた。根本先生は第一章「新美南吉の研究」において、南吉研究のテキストはこの全集によるべきことを繰り返し主張なさっている。それはとりもなおさず南吉研究を文学研究の中にしっかりと位置づけようとする先生のお考えに基づくものである。そして、そのことは、児童文学を広く文学の一ジャンルとして確立するためには避けては通れぬ課題を指摘していると同時に、数多い南吉童話の国語科教材化において南吉童話の本質的な研究が軽視されていることに対する警鐘とも受けとれる。

また根本先生は、南吉童話の本質について、特にその〈物語性〉に着目なさっている。『ごん狐』を初めとする個々の南吉童話の〈物語の構造〉に言及なさったあと、南吉の評論「童話における物語性の喪失」をとりあげ分析し、自然主義や私小説を中心とした時流に流されることなく〈物語性〉を追求した南吉のありようを、〈まさに本当の意味での文学者だった〉と評価なさっている。そしてさらに、南吉研究の今日的な意義を、従来の〈児童文学史や児童文学論が自然主義的な視点から大方論じられている〉現状に対する〈アンチテーゼとして成立すべき〉ものであると位置づけておられる。

第二章「昭和児童文学私論」及び第三章「児童文学評論・研究の動向――一九七九年〜一九八四年――」では、さまざまなジャンルにわたり、テーマごとあるいは作家ごとに研究の動向が詳細に論じられている。ここで特に注目されるのは、大衆児童文学についての言及である。日頃顧られることの少ない大衆児童文学をあえて盛んにとりあげておられるのは、根本先生の児童文学の歴史のとらえ方に大いに関係していると思われる。先生は、御自身の児童文学史観ともとれる見解を、次のように述べられている。

昭和の児童文学観の軸になっているのは、観念や概念、論理や科学的な物のとらえ方を重要視する考え方である。その結果、大衆的児童文学を等閑視する考え方が生まれたといえる。昭和の児童文学について考える場合、観念や言葉をもて遊ぶことによる評価ではなく、感動を軸にした評価とともに大衆的児童文学を視野にいれて考えることが必要だろう。

終戦を境に児童文学の流れを断絶させてとらえ、後に「悪書追放運動」などにもつながっていく観念的で教養主義的な児童文学観、児童文学史観に対するアンチテーゼであり、〈感動を軸とした〉いわば戦前から戦後への連続体としてとらえる先生の児童文学史観がここに明らかにされている。また〈感動を軸とした評価〉という視座は、第一章における新美南吉の評価とも一致しており、本書の諸論考に一貫して流れるテーマである。

本書のあとがきには、長年積み上げてこられた児童文学研究をベースに、今後は国語教育の分野へ研究を発展させていこうという先生の決意が明らかにされている。

本書に示された一つ一つの論考及びその問題提起は、教育的観点から文学作品本来のあり方を安易にデフォルメしてしまう文学教育の現状、子どもの日常に目を向けることのできない教養主義一辺倒の教育観、また方法論ばかりが珍重される現場の状況などの国語教育の今日的な諸問題に対する、痛烈な批判となり得ると思う。そういう意味から言えば、本書は、研究者としての岐路に立った根本先生の今までの研究の総決算であるとともに、今後の研究の出発点としても位置づけられるだろう。根本先生の今後の国語教育研究が、斬新な問題提起からさらに体系的に御発展なさることを、おこがましくも期待している次第である。

私は国語教育研究に関しては、『国語教育の遺産と児童文学』以後、『国語教育の理論と課題』(高文堂出版社　昭和六二・九)と『国語教育の創造と読書』(日本書籍　平成三・二)を出版した。この三冊が私の国語教育研究三部作である。

『国語教育の理論と課題』については、田近洵一氏が『月刊国語教育研究』第一九二号（日本国語教育学会　昭和六三・五）の「新刊紹介」欄で次のように紹介してくれた。

『鈴木三重吉と「赤い鳥」』（鳩の森書房、一九七三）を初めとして、最近の『昭和児童文学の研究』（高文堂出版社　一九八四）など、多くの児童文学関係の著述で知られる根本正義氏が、国語教育に関する論文を集めて、『国語教育の理論と課題』（高文堂出版社　一九八七）を刊行した。『高等学校国語教育と児童文学』（高文堂出版社、一九七七）、『国語教育の遺産と児童文学』（高文堂出版社、一九八四）に続く、三冊目の国語教育関係の著書である。

根本氏は、これまでも、今日の国語教育界の動向、なかんずく実践者・研究者の国語教育観や研究のあり方に対して、歯に衣着せぬ鋭い批判的発言を続けて来た。多岐にわたるその発言の根底には、国語教育およびその研究の閉鎖性、あるいは視野の狭さに対する児童文学研究者としての批判があるのは当然だが、そんな専攻領域の違いからというよりも、本質的には、歴史的遺産を問い返すことなく、目先のことにひきずられがちな国語教育者の研究態度、そこに生まれる技術主義的な国語教育論への批判、さらには、児童の言語生活の現実や大衆児童文化を視野に入れぬところに成立する権威主義的な国語教育観への批判があると見るべきであろう。たとえば、氏は次のように言う。

落ちこぼれの問題、高等学校の中途退学者の問題、受験体制の強化の問題、教師の方法論・技術論信仰の問題等、かぞえあげればきりがないほど、教育界における退廃現象は目に余るものがある。その要因の一つは、教養主義的な教育のあり方にあるのではないかと私は考え、原因の分析と批判を試みてきた。（中略）戦後の国語教育の反省なくして、九〇年代の国語教育の展望はあ

りえない。（「終章にかえて――あとがき」より）

根本氏が九〇年代の国語教育をどのような角度から展望しようとしているかを見るためには、目次を紹介するべきなのだが、その余裕もないので、氏の発言のいくつかを次にあげることにする。

○「文学の授業は、授業者（教師）の思い入れや思い込みを排除して、児童・生徒の素朴な感動を軸に展開すべきであろう。」

○（「ごん狐」中の「兵十のお母」を〈妻〉と読んでみたことに関して）

「学習者の読みにかかわって、あえて校定全集の編者の一人であるにもかかわらず、〈妻〉と読んでみたのである。（中略）〈妻〉と読んでみることは、児童・生徒の読みをどのように認めるか、という問題ともかかわる。」

○「武者小路実篤の「宮本武蔵」が、教材としての今日的な価値を持ち学習活動も充分に可能だという事実（後略）」

○「敗戦後否定されたロマンの復権、ロマンを肯定した読書指導こそ今必要ではないかと私は考えている。」

○「大衆的な子どもの読物の本質を明確にしながら、新たな読書論を確立する必要を今確認しなければならない。」

田近洵一氏はさらに『教育科学国語教育臨時増刊　国語教育研究年鑑　'88年版』（明治図書　昭和六三・六）で、拙著にふれて次のように記している。

新しい理論的探求と地道な資料作成と

東京学芸大学教授　田近洵一

今日の国語教育界の動向、特に研究者の国語教育観に対して、これまでも鋭い批判を続けて来た根本正義氏が『国語教育の理論と課題』を高文堂出版社より刊行した。多くの児童文学関係の著述で知られる根本氏の、国語教育に関する三冊目の著書である。その批判的姿勢は今回も一貫しているが、本書において氏は、国語教育研究者として積極的な提言を試みようとしている。

読みの領域の出版物でもう一つ特筆すべきものに深川明子氏の『イメージを育てる読み』（明治図書）がある。文学の読みのイメージ体験としての性格を明らかにし、その教育のあり方を追求したものである。根本氏のものとともに、斬新な発想に満ちた理論的追求の書と言えよう。

なお、地道な研究だが、浜本純逸氏らによる『文学教材の実践研究文献目録』（溪水社）の三冊目の刊行を、今年度の成果としてここに記しておきたい。

また、鈴木敏幸氏は『立正大学国語国文』と『文学と教育の会会報』に拙著を紹介してくれた。『文学と教育の会会報』第15号（文学と教育の会　平成元・三）の鈴木氏の書評を引用しておく。

国語教育の今日的課題の正鵠を射た研究書
――根本正義著『国語教育の理論と課題』――
鈴木敏幸

本書は国語教育に関する資料を縦横に駆使した上で、「国語教育の今日的課題」について論じたものである。〈今日的課題〉とは、戦後の教育界の荒廃現象を指す。

〈落ちこぼれの数が七五三……小学校で三割、中学校で五割。高等学校で七割が落ちこぼれている〉これはまさに、教育界最大の〈今日的課題〉とすべきものである。こうした荒廃現象を招いたことには、様々な要因が考えられるが、著者は、戦後教育のそれを、あまりにも教養主義に偏重しすぎたきらいを弾劾する。これが一貫して本著を貫く著者の基本的な態度である。

何故に、教養主義に偏重しすぎたかである。その根本的要因について著者は、岩波文化と講談社文化の二つに大別した上で、〈前者（注、岩波文化）を論理的・科学的文化だとすれば、後者（注、講談社文化）は感性に訴える大衆的な文化だといえる。〉とし、「戦後の教育は後者を切り捨ててきた。」と断じる。かくして、著者の「講談社文化に対する思い入れ」の程を論じたのが、本著の最大の特色とも言えよう。端的に言えば、教養（岩波文化）よりも、娯楽（講談社文化）の効能を教育の場に求めようとしたものであるから、いきおい、勉強よりも遊びでは、柳眉をさかだてる教育ママの顔が目に浮かぶ。ではあるが、本書を読了すれば、それらの危惧は一蹴されよう。

〈学校へいって、何がいちばんたのしいかと聞かれて勉強することですなどと、答えるのはうそだ。そんな子は、うそつきだ。勉強がいちばんたのしい子どもなんてありやしない。学校でいちばんたのしいのは、休み時間だ。〉

と、本書の中で、サトウ・ハチローの言を引用する。この発言は、別に深谷昌志の調査した〈小学校四、五、六年生の「学校生活の楽しさの順位。」〉〈①昼休み　②授業の終ったあと　③体育の時間……⑭国語の時間　⑮児童会の時間　⑯掃除の時間〉

とも、本書の中で照応させていることでも分かるように、これが現実の教育の生《なま》の姿である。（因に、この調査結果からすれば、国語は好きな科目というより、嫌いな科目のワースト・ワンということになる。）このような現実に、はたして教養がどのような効能を発揮するか、著者ならずとも、だれしもが疑問を感じざるを得ないはずである。

著者は、多様な角度から、この疑問を解きほぐしていく。例えば「作品を通して既知の世界を再認識したり、未知の世界を経験する」「読書はいわば間接体験（準体験）」とした上で、どのようなジャンルの本も、想像力や空想力を身につけるものであって、何も

〈児童・生徒に教養主義的な読書を、日常生活において強いる必要はない。〉

と説く。あまりにも教養主義的なものに偏重した結果が、先の調査に現れた、国語が嫌いな科目のトップになった所以であることも否めまい。

このような観点から、「今日の小学生の男子も女子も、江戸川乱歩に夢中になる時期がある。」とした上で、

〈江戸川乱歩の世界は教材になりえないのだろうか。私にはなりうるように思える。〉

とし、教材とは即、教養的教材を指すという、今日的な風潮に対して疑問を呈する。この提言は、具体的には、本著「第四章　文学教材論Ⅰ　おもしろい民話――吉四六ばなしをめぐって――Ⅱ　教材「宮本武蔵」（武者小路実篤）論――剣豪の伝記の教材化の意味――」の中で、実証学的に細緻に論じられる。特に本著の中でも圧巻とでもすべき章であろう。「吉四六ばなしの再話と教材」の結びで、著者は

〈笑話の多くが、人間の本質的な欲求からうまれたわけで、頓知ばなしのゲーム的な要素を楽しみながら、人間にとっての笑いを考えさせてみることは意味のあることだ。〉

とする。同章の中では「笑いの教育を考えなくてはならない。」と説く外山滋比古の説も引用されるが、教養主義一辺倒が、児童生徒の笑い（「人間のみ」が「笑う動物」という、人類の特色）を奪っていく

のかもしれない。

著者は、「宮本武蔵」（武者小路実篤）が教材として、「旧制中学一年生用として採られている」とし、「いわば日常の読書のなかで読まれている作品が教材化されたわけである。」ともするが、これは「児童・生徒に教養主義的な読書を、日常生活において強いる必要はない。」とした著者の主張を逆説的に展開したもので興味深い。

但し、「宮本武蔵」の教材化は戦前に一例みられるのみで〈今日、剣豪の伝記の教材化が考えられるだろうか。否といわざるを得ない。〉これが戦後教育の現状であるが、著者は〈武者小路実篤の「宮本武蔵」が、教材としての今日的な価値を持ち学習活動も充分に可能だという事実〉の程を、まさに「充分」なまでに立証させて、本書は「敗戦後否定されたロマンの復権」をも説きおこす。

思うに、岩波文化と講談社文化とは、右し左しする時計の振り子のそれであるかもしれない。右へ左へ動いて初めて、振り子が振り子たる所以《ゆえん》である。一方へのみ偏することが、いかに暗い時代を招いてしまったことか……。

戦後の教育のそれが、岩波文化一辺倒であったとすれば、講談社文化への著者の「思い入れ」は、きわめてバランス感覚に則ったもので、「国語教育の今日的課題」の正鵠を射たものとして、本著を評してもよかろう。

次に『国語教育の理論と課題』の目次を示しておく。

序　章　国語教育の今日的課題

——『月刊国語教育研究』誌の特集にかかわって——

第一章　文学の授業の理論

Ⅰ　文学教材とその扱い

——いまなぜ児童文学なのか——

Ⅱ　文学の授業の視点

——文学と教育への根源的な問い——

Ⅲ　文学教材の評価

——基礎学力とは何かの問い返しを——

Ⅳ　文学教材の分類の問題

——〈童話・物語〉という位置づけへの疑問——

Ⅴ　文学作品と文学教材の違いについて

第二章　文学教材の読みの視点

Ⅰ　文学教材の読みの指導の問題

——教育的配慮による読みからの脱皮を——

Ⅱ　文学教材を読む

——日常の読書と学習活動とのかかわり——

Ⅲ　文学教材の読みの視点

Ⅱ　作文教育と感性
——思考学習の基礎的要素について——
〈付〉文章の書き方
Ⅲ　児童文学と子ども
——大衆的と芸術的という色分けのこと——
Ⅳ　国語教育と児童文学
第六章　読書論
Ⅰ　戦後否定されたロマンを読書に
Ⅱ　悪書追放運動の意味するもの
終章にかえて——あとがき

以上が『国語教育の理論と課題』の目次である。拙著について鈴木敏幸氏は理解を示してくれた。一方、私の研究を評価しながらも、私の主張をいささか誤解されている書評が、松崎正治氏である。その誤解は松崎氏の解放史観にあるように思える。

松崎氏の書評は内容を確かに紹介していてくれて、私にとってはありがたいもので、雑誌『日本文学』第38巻第4号（日本文学協会　一九八九・四）の、「書評・展望」欄に掲載された。次にその書評を引用する。

（一）どんな本か

本書は、著者の国語教育に関する論文をまとめた三冊目の著書である。①『高等学校国語教育と児童文学』（高文堂出版社　一九七七年一〇月）、②『国語教育の遺産と児童文学』（高文堂出版社　一九八四年五月）に続くものである。

著者の国語教育に関する書物は、①②の書名に明らかのように、氏の専門とする児童文学を基礎にしている。本書『国語教育の理論と課題』も、児童文学という「基礎科学をベースにした国語教育研究」である。

（二）特色ある主張は何か

では、著者は、児童文学という「基礎科学」をもとに、どのようにして国語教育を論じているのか。まず著者は、現代教育界の「退廃現象」として、落ちこぼれの問題、高等学校の中途退学者の問題、受験体制の強化の問題、教師の方法論・技術論信仰などの問題を取り上げる。次に、これらの要因の一つが、教養主義的な教育のありかたにあると分析する。つまり、子どもの生活的現実・生活実感に立って子どもの感性を重視した教育をしていないところに重要な原因があるというのである。児童文学の立場から戦後の文学教材史を検討すると、このことは、国語教育関係者が教養中心の岩波文化を優先し、娯楽中心の講談社文化を否定してきた結果だという。そこで、児童・生徒の娯楽に対する興味を取り込んだ国語教育の在りかたを考えなければならないと提言しているのである。

（三）本書の位置

一九八九年二月に、第六次新学習指導要領が発表された。これには、第五次学習指導要領には示されていなかった〈教材選定の観点〉が明示されている。例えば、小学校国語科の場合、次のようなものである。
ク、我が国の文化と伝統に対する理解と愛情を育てるのに役立つこと。
ケ、日本人としての自覚をもって国を愛し、国家、社会の発展を願う態度を育てるのに役立つこと。
ここには、〈日本人としての自覚〉〈国家・社会への帰属意識〉を求めて、教育内容を露骨に統制しようとするねらいが示されている。

ここで歴史をふりかえれば、一八・一九世紀以来、国民統一の手段としての母（国）語教育論と、国民教育思想としての母（国）語教育論との系譜が、拮抗してきたことが思い起される。

前者は、国家や権力が国内の階級的対立を緩め、愛国心を煽る手段として、母（国）語教育を利用してきたものである。この教育論では、〈考えること〉よりも〈信じること・覚えること〉が、重視された。「教化」である。

いっぽう後者は、民衆が真理と知恵の基礎を獲得する手段として母（国）語を学ぶことを保証しようとするものである。例えは、ペスタロッチは「パンに飢える民衆に、真理と知恵の最初の基礎を与えることによって、彼らが、彼ら自身の無知や他人の悪知恵の不幸なおもちゃとなる危険を防ぐ」（『ゲルトルート教育法』第一信）と述べている。後者の教育論では、特定の教説の教え込みよりも、真理に近付こうとしてどこまでも〈考えぬく〉ことが、重視された。母（国）語によって認識と思考の能力を培うことが、目指されたのである。

新学習指導要領は、どちらの系譜に位置付けられるかは明白であろう。

ところで、戦後日本では、一九六〇年代から民間の教材自主編成運動が盛んになってきた。従来の検定教科書にあきたらず、よりよい文学教材を求める動きが高まったのである。これは、後者の国民教育思想の系譜に連なるものとして位置付けられよう。代表的な教材選定の観点をいくらか挙げてみる。

一九六〇年代には、日本教職員組合の教育研究全国集会で確認された〈形象性・思想性・教育性〉、文学読本『はぐるま』の《いのちを大切にすること・はたらくことを大切にすること・仲間を大切にすること・仲間同志の信頼と愛情と共感と尊敬の感情を養っていくこと》などがあった。

一九七〇年代には、田近洵一氏を中心とした日本文学協会会員によるブックリスト作成の観点として挙げられた《文化論的観点〔ジャンル／国、民族／時代／文芸思潮〕・作品論的観点〔思想性／虚構性／表現性〕・読者論的観点〔子どもの発達段階／子どもの今日的状況〕》などがあった。

一九八〇年代には、日本文学教育連盟の《題材・主題思想・文体・構成》、西郷竹彦氏の《認識と表現の力を育てる系統指導》の体系、浜本純逸氏による文学機能と学習者の文学的発達に着目した《明日への体験〔旅〕・人間への問い〔真実〕・想像力を豊かにする》という観点などがあった。

根本正義氏が本書で提唱している教材論は、基本的にはこれらの流れの中に位置付けられよう。しかし、先に挙げた教材論とは、いささか趣を異にしているところがある。ごく粗く言ってしまえば、大人が設定した〈まじめさ・かたくるしさ〉に対する異議申し立てをしている点である。根本正義氏は、子どもの感性にじかに働きかけるエンターテーメント、通俗性を見直そうというのである。娯楽中心の講談社文化の復権である。このように、「文化史的」に教材史をとらえかえした観点から提言されている根本正義氏の教材論は、新しい教材発掘の道を切り開いて見せてくれた。

（四）残された課題

残された課題を三点挙げておきたい。

第一は、ひとりで読んでいるときは楽しかった講談社文化的な娯楽作品も、ひとたび教材として授業で取り上げられたとき、子どもにとって、それはもはや娯楽ではなくなって、ひどく退屈でつまらないものになってしまわないか、ということである。これには、授業の方法論の問題や、教室文化の問題などが、かかわってくるだろう。

第二は、エンターテーメントや通俗性が、子どもの頭の働きを変えていくメカニズムの解明である。エンターテーメントや通俗性のどういう要素が、子どもの思考や感性をいかに変えていくのであろうか。

第三は、子どもの感性を重視するという立場から出発した講談社文化的な娯楽作品の復権が、結果として国家が期待する人間像を教え込むことにつながってしまわないかという恐れである。

これらは、一九九〇年代の教材論を構築する我々に残された課題としたい。

松崎正治氏の書評は、鈴木敏幸氏の書評とは対照的である。拙著『国語教育の理論と課題』について、鈴木氏は確かな理解を示してくれているが、松崎氏には誤解があったようだ。その誤解とは、松崎氏が、「（四）残された課題」について記している、三点についてである。私の提言をふまえて、再度引用しながらその三点についてふれておく。

第一は、ひとりで読んでいるときは楽しかった講談社文化的な娯楽作品も、ひとたび教材として授業で取り上げられたとき、子どもにとって、それはもはや娯楽ではなくなって、ひどく退屈でつまらないものになってしまわないか、ということである。

この点について言えば、拙著の「国語教育の今日的課題―『月刊国語教育研究』誌の特集にかかわって――」の中で論じておいたが、すでに国語の授業が嫌われているのである。第一義的にはそこをなんとかしなければならないのである。むしろ講談社文化的な娯楽作品の教材化が、国語科の授業を楽しくすることになるはずである。

第二は、エンターテーメントや通俗性が、子どもの頭の働きを変えていくメカニズムの解明である。エンターテーメントや通俗性のどういう要素が、子どもの思考や感性をいかに変えていくのであろうか。

この点についてだが、エンターティンメントとしての作品は、大衆文学であり大衆児童文学である。通俗ではあるが文学であるわけで、文学作品を読むということで言えば、これらの作品を読むという行為も、教科書の文学教材を読むという行為も、本質的には同じなのである。エンターティンメントとしての作品が特別なのではあるまい。

第三は、子どもの感性を重視するという立場から出発した講談社文化的な娯楽作品の復権が、結果として国家が期待する人間像を教え込むことにつながってしまわないかという恐れである。

これはとんでもない発想で、誤解もはなはだしいし、認識不足である。〈講談社文化的な娯楽作品〉は、エンターティンメントとしての作品である。少年少女のための時代小説は皆無に等しいが、そうした作品の復権を私は提言しているわけで、拙著の「第四章　文学教材論　Ⅱ　教材「宮本武蔵」（武者小路実篤）論――剣豪の伝記の教材化の意味――」は、その具体的な主張である。

剣豪の伝記や武将の伝記は、小学校六年生の社会科の学習にかかわって、多くの子どもたちは日常の読書の中で読んでいる。だからと言って、国家が期待する人間像を身につけているわけでもあるまい。松崎正治氏のこのような発想は、戦後の児童・生徒の娯楽としての読書の全否定としての、悪書追放運動そのものに起因している。

娯楽としての読書の復権、講談社文化的な娯楽として作品の復権を考え、今後のありようを示した拙稿を示しておく。『国語教育の理論と課題』のなかの、「第五章　国語教育の指導の問題　Ⅲ　児童文学と子ども――大衆的と芸術的という色分けのこと――」と、「第六章　読書論　Ⅰ　戦後否定されたロマンを読書に　Ⅱ　悪書追放運動の意味するもの」がそれである。再読していただけるとありがたい。

松崎氏の書評を受けて執筆した拙稿に、「講談社文化と国語教育――読書の活性化と基礎学力の回復――」(『学芸国語教育研究』　第七号　東京学芸大学国語科教育研究室　平成二・七)がある。

この論稿も含めて、一九九一年に出版したのが『国語教育の創造と読書』(日本書籍　一九九一・二)である。次に拙著の目次を示しておく。

――お釈迦様の生き方と人間の生き方に問題提起――
島崎藤村著『をさなものがたり』
――藤村の伝記資料として貴重な童話集――
吉川英治著『神州天馬俠』
――人生の苦難を克服し、たくましく生きる力を描いた作品――
新美南吉著『おぢいさんのランプ』
――滅びゆくランプ売りのせつない心の葛藤――
国分一太郎著『鉄の町の少年』
――友情と正義を貫く、人生の大切さを描く少年少女小説――
永井萠二著『ささぶね船長』
――健気に生きる戦災孤児の明るさとやさしさ――
福田清人著『天平の少年』
――少年の活躍を軸に、天平時代の生活と文化を描く歴史小説――
新田次郎著『風の中の瞳』
――友情・恋愛の悩みを描き、現代っ子の心と共通する作品――
山手樹一郎著『少年の虹』
――正義に燃えた賢一の親切を軸に描く時代小説――
棟田博著『ジャングルの鈴』

第三部の「国語教育の歴史私論」は私なりの視点による国語教育の歴史である。中村新太郎の『教育文学論』については、国語教育史にかかわっていえば私が初めて論じたといえる。また、柳田国男の国語教育の考え方にも眼を向けてある。これも誰も論じていないように思う。

この拙著『国語教育の創造と読書』について、『世界日報』（世界日報社　平成三・三・二五）が、読書の頁の「らいたあ訪問」欄で、〈娯楽としての読書に着眼〉という見出しで、次のように紹介してくれた。

「ぼくの考えの基盤にあるのは、落ちこぼれをどうするのかという問題です。全国で、県立高校がもう一つできるぐらい、高校を中退する生徒がいる。おそらく小学校ぐらいから、落ちこほれている。今の先生方は、児童生徒を上の学校に上げることばかり考えて、それをどうするか関心がない」

著者は、東京学芸大学の国語科研究室で、国語教育について研究し、将来教師になる学生を指導している。本書は、長年取り組んでいる児童文学研究を背景に、国語教育について論じたものだ。

「大学を卒業して、教師になった時、白分の読書経験はどこへいってしまったのかと思うのです。夢中になって読んだマンガや、集英社文庫のコバルトシリーズは、積極的に勧められない。それが現実なのです」

そのために、国語教育の現場では、文学作品が教科書に掲載されたとたん、教材となり、文学作品とは考えられなくなってしまう。

読書には、子供にも、娯楽のための読書と、教養のための読書があるという。だが、親や教師から勧められるのは教養としての読書の方ばかりだ。

実は、積み重ねられた娯楽としての読書こそ、理解力や思考力、感性を培うことが多いのだ、と著者はいう。

いわゆる講談社文化の復権を主張するゆえんである。

国語教育に関するもう一つの意見は、教師の読み方を一方的に子供に押しつけ過ぎてきたという点だ。子供がこのように読んだという、子供の読み方を克明に記録した、実践記録のあり方を考えてみるべきではないか、と提言する。

明治以来、現代にいたるまでの児童文学の数々が、紹介されている。小学校の国語教育に当たる先生方に、ぜひ読んでもらいたい作品なのだという。山手樹一郎著『少年の虹』、棟田博著『ジャングルの鈴』などは、著者独自の視点から選ばれた作品だ。　　増子耕一記者

昭和文学会が編集・発行する、『昭和文学研究』第23号（笠間書院　平成三・七）には、次のように紹介された。

根本正義著『国語教育の創造と読書』

本書後書きによれば、既刊の『国語教育の遺産と児童文学』『国語教育の理論と課題』とともに国語教育に関する著作三部作の一書で、Ⅰ国語教育をめぐる諸問題　Ⅱ国語教育と子どもの文学　Ⅲ国語教育の歴史私論の三部よりなる。教材を文学作品として読む視点、教材作品の読みの幅の問題、あるいは子供達の読み自体を基軸とする実践報告への期待、娯楽性の強い読書の再評価等、Ⅰ部各論では現在の国語教育における課題の指摘と、その取り組みへの提言が打ち出される。著者自身も言及しているが、児童文学への視点が問題意識を提起させる作用として働いているのであり、児童文学研究の深さが、国語教育改革への具体的な道筋を描いていく事になる。Ⅱ部の作品論においても著者の研究成果と志向がうかがわれ、こうした意欲的な姿勢が本書に精彩さを与えているといえよう。

（一九九一年二月、日本書籍刊）（猪熊雄治）

また、日向圭子氏は『学芸国語教育研究』第9号（東京学芸大学国語科教育研究室　平成三・一二）で次のように紹介してくれた。

本屋に行くと、これから塾に行くのだろうと思われる子供達が『少年ジャンプ』の一角を占領して

いる。集英社コバルト文庫や講談社X文庫の新刊がある場所には、女の子達がかわいらしい表紙の本を探しに、あるいは自分の好きな主人公の話で盛りあがっている。私達大人は子供に対して何かを伝え、子供の成長を期待しようとする時「子供にはこうあってほしい」という子供像に目の前の子供をあてはめさせようとしがちである。読書にしても「子供にはこういう本を読ませたい」と願うが、それが「子供にはこういう本は読ませたくない」という考えにいたってしまうことがある。

だが根本正義氏は読書のあり方を、先ほど述べたような「子供の読書の実態」から捉えている。今回の著書『国語教育の創造と読書』の中でも、少年小説の研究をしている専門家の視点から独自の論を述べている。特に、「I　国語教育をめぐる諸問題――創造と改革への提言――」の中の「講談社文化と国語教育」では国語教育の視野に子供の実態について入れることの重要性を論じている。

根本氏の論は、教室に必ずいるであろう「落ちこぼされた児童」へのまなざしから出発した。彼らに基礎学力をつけさせるために国語教育という教科教育の中では何ができるだろうか――そう考えた時に彼らがふれている文化に注目したのである。それが『少年ジャンプ』であり、赤川次郎であり、集英社コバルト文庫なのである。これらは大人の目から見ると「ためにならないくだらない本」なのだろうが、とにかく子供は好んで読書をしているのであり、そこには子供がひきつけられる魅力的な世界があるのだ。その魅力的な世界を私達が子供と共有する、あるいは共有できないまでもその魅力をさぐろうと積極的にかかわってみるということは非常に大切なことだと思う。なぜならそれはつまり子供の生活体験に目を向けることで、教室の中で一緒に教材を学習していく上での必要な条件だからである。

根本氏はこのような論を過去に何度も文章にしておられるが今回は「Ⅱ　国語教育と子どもの文学」の中で大衆児童文学作品十二編についてその鑑賞の手引きを書かれている。これらの作品は、現代の子供にはなじみのうすいような昔の作品がほとんどであるが、このような作品研究をもとに、現代の作品も研究してみたいと思わせる。根本氏の児童文学研究を追体験できる章である。

拙著の出版は一九九一年二月だが、一ヶ月後に発行された『東京学芸大学附属図書館報　図書館ニュース』（東京学芸大学付属図書館　vol.19　No.3／4　一九九一・三）の、「【自著を語る】」欄に、拙著『国語教育の創造と読書』の執筆依頼を受けた。この文章は、後述する『国語教育と戦後民主主義のひずみ』に収録してある。

以上が私の国語教育研究三部作である。

『文学教育基本用語辞典』のこと

大久保典夫先生等と共に文学と教育の会を設立し、機関誌『文学と教育』創刊号を発行したのは、私が東京学芸大学に勤務した翌年の一九八一年、元号でいうと昭和五十六年六月十日のことである。本誌と会報の発行はそれぞれ年二回、順調に発行してきた。終刊は平成十四年六月三十日の第四十三集である。

昭和六十年十二月、機関誌『文学と教育』第十集の発行を機に、『文学教育基本用語辞典』の編集に取り組むことにした。幸なことに、昭和六十一年四月に明治図書から刊行することができた。編集は大久保典夫・根本正義・鈴木敬司が担当した。「はしがき」には次のように記した。

この『文学教育基本用語辞典』は、小学校・中学校・高等学校における、文学教育についての基本的な情報を、現場の教師を含めて、専門家のみならず広く一般の人々や学生に提供する目的で企画され編纂されました。

戦後盛んになった文学教育の歴史をふりかえってみたとき、解決されていない問題が山積されているのに気づきます。例えば、文学教育か言語教育かの論争もそのひとつといえましょう。が、このような未解決の諸問題を越えて、教育現場では多くの教師が、文学教育の実践にとりくんでいます。しかし、文学教育における基本用語やその理論が正しく理解され、定義されているとは考えられません。今必要なのは、共通の理解に立った実践と理論の確立だと思われます。そのためには、戦後盛んになった文学教育の実践を整理しながら、文学教育の基本用語を洗いなおして定義づけることが必要でしょう。本事典では、あわせて多くの文学教育に携わった専門家の理論を整理し、その意義と価値を位置づけることも意図しました。

この辞典の特色は、第一部　文学教育の理論と展開、第二部　文学教育の基本用語、に分けた点にあります。第一部はさらに、文学教育の定義にはじまり、小・中・高の文学教育にかかわる基礎理論、巌谷小波にはじまる文学教育の運動の展開とに分けて解説しました。

項目の選定は編者の責任ですが、各項の記述については、執筆者の判断が尊重されていることは言うまでもありません。編者としてはできるだけ収録項目について、現在の文学教育における客観的な評価を考慮に入れたつもりです。もちろん、編者の主観の介入は避けがたいでしょう。（後略）

執筆者の主軸は「文学と教育の会」の会員各位であった。企画・進行の労を明治図書編集部、江部満、間瀬季夫、松本幸子の諸氏にとっていただいた。

この種の類書はいくつか出版されているが、項目の選定には編者の独自の判断も反映されている。その内容をご理解いただくために、次に全項目を引用しておく。

第一部　文学教育の理論と展開

一　文学教育の基礎理論

文学教育とは

言語教育と文学教育

国語教育における文学教育

学習指導要領と文学教育
国語科の目標と文学教育
国語教科書と文学教育
文学教育の指導計画
文学教育の教材
文学教育の評価
幼児の文学教育
小学校における文学教育
中学校における文学教育
古典と文学教育
作文教育と文学教育
映像文化と文学教育
演劇教育と文学教育
道徳教育と文学教育
二　文学教育の運動の展開
桃太郎主義の教育論（巌谷小波）
「赤い鳥」の芸術教育
冬景色論争

文芸教育論（片上伸）
教育文学論
西尾実・時枝誠記論争
「国語教育と文学教育」論争
問題意識喚起の文学教育（荒木繁）
準体験理論（熊谷孝）
状況認識の文学教育（大河原忠蔵）
「文学的認識」論
文体づくりの文学教育（熊谷孝）
映像的認識の文学教育（大河原忠蔵）
「批判読み」の文学教育
問題をもちながら読む（青木幹勇）
「読解指導」「読み方指導」の時代
読書体験創造読み（望月久貴）
構造分析の読解（三枝康高）
「芸術的認識形成」の文学教育（井上正敏）
関係認識・変革の文学教育（西郷竹彦）
十人十色を生かす文学教育（太田正夫）

読書論
児童言語研究会の読み
教育科学研究会の読み
文芸教育研究協議会の読み
三読法
三層法

第二部　文学教育の基本用語

あ　アイデンティティ　芥川賞　アニメーション　アヴァンギャルド　悪書追放運動　悪魔主義
アフォリズム　あらすじ　アレゴリー　暗示　暗誦　アンソロジー
い　異化　一元描写　一読総合法　一次感想　一次読み　逸話　一斉指導　意図（作者の意図）
意図を読む　意味段落　イメージ　イメージ化　岩波文化　印象批評　韻文　韻律
イントネーション　隠喩　意味論
う　ウィット
え　映像文化　映像化　江戸文学　S・F　エスプリ　絵本　エロキューション　演劇教育
お　押韻　お伽噺　親子読書　親（母）と子の20分間読書　音数律　音読
か　絵画的表現　諧謔　解釈　解釈学　解釈学的方法　解釈文法　回想　会話文　課外読物　科学読物
重ね読み　書き込み　書き抜き　学習集団　学習の手引き　貸本文化（貸本屋）　課題設定の読み
語り　語り聞かせ　語り口　語り手　価値目標　花鳥諷詠　学校劇　家庭小説　家庭文庫

自己を読む　自主教材　辞書的解釈と文脈的解釈　思索書　時代小説　詩的感動　詩的機能
詩的表現　視点　視点人物　自伝　シチュエーション　児童雑誌　児童中心主義　児童図書
児童映画　児童演劇　児童観　児童図書館　児童文化　児童マンガ　児童詩（児童自由詩）
児童読物　地の文　調べ読み　思考型読書　指名読み　自主教材　自主編成　集団読み　写実主義
写生文　ジャンル　自由教育　修辞　唱歌　集団読書　自由詩　自由読書　出版倫理規程
主題（テーマ）　主題・構想・叙述　主題単元　主題の把握　主知主義　手法　ジュニア小説
シュールレアリズム　巡回図書館（巡回文庫）　準体験　純文学　純粋小説　少年小説　少女小説
少年詩　少女詩　叙景詩　叙事詩　叙情詩　人道主義　人物・事件・環境　人物形象　人物の心情
人物の性格　生涯教育　小説　情緒　象徴　象徴性　象徴詩　象徴主義　情操の陶冶　少国民文学
情景　情報読書　書評　序破急　調べ読み　心象スケッチ　心境小説　新戯作派　新現実主義
新興芸術派　新心理主義　新即物主義　新浪漫派　心理描写　主体的な読み　心情　新体詩　神話

す

随想　随筆　随筆文学　推理小説（探偵小説）　筋（プロット）　ストーリー
ストーリー・テリング　ストーリー・メソッド

せ

西欧文化　生活記録　生活主義　精読　斉読　生活経験（体験・実感）　生活綴方　生活派
生活童話　生活読み　政治と文学　説話　説話文学　戦争文学　戦争児童文学
センテンス・メソッド　戦後派文学　生産的読書　前衛派　川柳

そ

創作活動　創作指導　想像力　想像読み　創造力　創造読み　創作民話　創造的読書　速読法
素材　素材主義　素読　ソネット

表出　表象　批評　評論
ふ　風俗小説　ファンタジー　風刺の文学　伏線　副読本　ブックリスト　無頼派　文学言語
文学的認識　文学教材　文学体験　文学の機能　文学の授業　文芸復興　分析批評（分析研究）
文章心理学　文章分析　文章論　文体論　分析読み　文に即した読み　文法　文脈　文明論
へ　ペーソス　平面描写
ほ　冒険小説　翻案　翻訳文学　ホトトギス派　本文批評
ま　マザー・グース　魔女　「まごころ」哲学　マスコミと大衆文学　マスコミ時代
マチネ・ポエティク
み　味読　民話　民主主義児童文学　民俗学
む　昔語り　昔話
め　メルヘン
も　モノローグ　モチーフ　黙読　物語　物語性　物語文学
ゆ　ユーモア小説
よ　要旨　要点　要約　読み　読み聞かせ　読みの視点　呼びかけ　余韻　妖精物語　幼年童話
ら　乱読
り　リアリズム　理解指導　リズム　リフレーン　輪読
る　類型　ルポルタージュ
れ　歴史小説　歴史物語

ろ　朗読　朗詠　浪漫主義　論説文
わ　私小説　笑い話　わらべ唄　和歌文学

この辞典には文学教育の原論ともいうべき項目、「文学教育とは」を文芸評論家の薬師寺章明氏が、いや先生と書くべきであろう。昭和文学研究会（現・昭和文学会）の時からご指導をいただいてきた人だからだ。その人が執筆しているのである。今後も注目されていい項目である。

この項目だけではない。辞典の基盤を教科専門においた項目選定をしているということが、なによりも類書とは著しく違う点である。文学教育は国語科教育という、狭い枠組みの中で考えるべきではない。文学作品を扱うのであるから、教科専門も視野に入れるべきである。

大久保典夫先生と共にこの辞典の特色を、明確に示してくれた薬師寺章明先生は、すでに他界されている。昭和六十一年十一月一日に逝去された。六十一歳であった。翌年の昭和六十二年四月、『文学と教育』第十三集は〈薬師寺章明氏追悼特集〉を企画した。私は同誌に「薬師寺章明先生のこと」と題して、次のような文章を書いた。

薬師寺章明先生に初めてお目にかかったのは、笠間書院で開かれた昭和文学研究会の会務委員会の席であった。私も会務委員の一人として出席した。先生は代表幹事として出席されておられた。会務委員会の委員長は大久保典夫先生で私の高校時代の恩師で、ともかく頭があがらない。その大久保先生と薬師寺先生との会話は、私に一層の驚きを感じさせた。お互いに敬称もなにもない。極端に言えば、「おい、大久保。」「なんだ、薬師寺。」という会話が、同時代文学の研究会、すくなくとも学会としての性格をもつ昭和文学研究会の、しかも会の運営を話しあう席での会話なのである。いやはや大久保先生との腐れ縁とはいえ、大変な委員会に出席する破目になったぞと、内心ビクビクであった。委員としての責務を全うしなければ、雷が二つ落るぞと思ったのである。そんな心配は取り越し苦労だったのだが……。会務委員の方々のなかでは、郡継夫先生には面識があった。大久保先生を通して、『現代文学序説』時代に、郡先生とはお会いしていたので、委員会ではいくらか安堵することもできたが……。

委員会の後の打ち上げは、いつもなごやかな雰囲気にはなったが、薬師寺先生と親しくお話をする機会はなかった。確か、「ああ、君が大久保の弟子の根本君かね。」とお声をかけていただいたことは覚えている。神田神保町のいろは寿司だったと思う。親しくお話をいただき、私の書いたものにご批評をいただいたり、ご一緒に飲む機会ができたのは、大久保先生が主宰する文学と教育の会の創立と同時に、編集同人としてご参加いただいてからだった。

薬師寺先生は、『文学と教育』の合評会には、欠かさずご出席くださり、掲載論文について一篇一篇ていねいなご批評をなさった。たいていは大山の竹の寿司か美奈登で、正月と夏休みの二回合評会が開かれる。ご欠席になる場合には、かならず手紙かはがきで私あてに批評をお書きになり、欠席の理由も添え書きしてご連絡をいただいた。薬師寺先生の几帳面な一端をうかがわせてくれる。またあるとき、文学と教育の会の会員名簿の、薬師寺先生の肩書きのところに、「先生、文学博士と入れることにしました。」と私がいった時、「いやあ、君。」と照れ笑いをされたこともあった。シャイな側面を垣間見る思いだった。

合評会の後は大久保先生のいきつけのスナックやバーが二次会であった。二次会のあと、「おい、根本君もう一軒寄ろうよ。」と必ず声をかけてくれる。何人かの会員と三次会となるわけだが、大変私にとっては嬉しいことであった。和気藹々とした雰囲気を、薬師寺先生自らがつくられ、私たち若輩の暴言を寛大にお許しいただくこと、度々であった。

『世界日報』紙の書評委員をやっていた時には、大久保先生、薬師寺先生と週一度は委員会で顔をあわせた。確か二年間務めたわけだが、この時に薬師寺先生とぐんと親しいお近づきをいただくことができた。委員会の帰り、渋谷のレストランで生ビールのジョッキーを三人で傾けるのがおきまりのコースになった。夏、黒ビールのおいしいことを薬師寺先生から教えられた。文学談義に花を咲かせながら、三人で傾ける生ビールの味の美味だったことは忘れられない。

『文学教育基本用語辞典』（明治図書）の企画が決定し、薬師寺先生には「文学教育とは」他数項目をお願いした。けれども、締切日が過ぎても原稿が届かない方が数人いると、出版社から連絡があった。事務連絡の役を私がやっていたので、大久保先生とも相談して薬師寺先生にお電話をさしあげた。実は、文学と教育の会編にも等しい企画だったので、私が原稿の催促の役割を担っていたのである。原稿〆切もとっくに過ぎているのでということを申しあげると、今書きかけているが家の方に取りに来るならば、すぐにでもお渡しできるのだがとのことだった。私の家は朝霞で、大泉学園まで出れば石神井公園はすぐだった。夕刻におじゃますることを約して電話を切った。先生のお宅を訪ねたのは、この時が初めてである。

石神井公園駅から電話で道順をおたずねすると、路線とバス停を指示してくれた。下車したら番地をたよりに、先生のお宅を探すつもりでいったのだが、先生はバス停で待っていてくださった。申しわけなかった。私は先生と石神井川添いに歩いた。お宅にはビールが用意されており、奥様の手料理とお相手で先生の原稿が書きあがるのを待った。待つことしばし、「出来たよ。これでいいかね。」といって先生は書斎から降りてこられた。私はしっかりと原稿を鞄のなかにいれた。ビールをご馳走になっているので、大切な原稿を失うことを心配してのことである。

薬師寺先生は原稿を書きあげたあとの、さわやかな顔でビールをお飲みになった。あれこれ雑談ののち、「駅まで送るから」とおっしゃる。雑談のなかで駅の方角もわかっていたし、バスよりは近道のあることも聞いていたので、歩いても一人で帰れると思った。私は「原稿をいただきにあがって、無理をお願いしたのですから、ゆっくりお休みください。」と申しあげたのだが、先生は「いや、駅まで送るよ。」と重ねておっしゃる。奥様も笑っておられたので、むげにお断りしてもと思って駅までご一緒願うことにした。

石神井の町の様子をあれこれと説明してくださった。薬師寺先生と散策するのは、これが初めてで最後となってしまった。駅につくと先生は「根本君、すこしつきあいたまえ。」といって、踏み切りを越えた料理屋に案内された。店内からは、「や、先生いらっしゃい。」と大きな声がひびいた。先生のいきつけの店らしい。おいしい料理と美酒をご馳走になった。私は原稿を預かっているので、一足先に失礼した。

その後、何度か私は薬師寺先生から電話をいただいた。ほとんどがほぼ同じ内容で、「勉強してるかね。学問も大事だが、社会勉強はもっと大事だよ。今度ゆっくり飲みたいね。」という電話である。私の方はさほど忙がしかったわけではないが、児童文学を専攻する私が国語科教育学を講義しているので、資料づくりに明け暮れていたため失礼してしまった。私のそんな生活に対する、先生の優しいお心遣いだったのかと今気がついた。時すでに遅しである。ともかくもそんなことに気のまわらない私であった。先生からお誘いを受けたのだから、私の方から電話すればいつでも一緒に飲んでいただけるだろうと考えていた。合評会の近い時には、すぐにでも会えると思った。今考えてみると、こうして急に逝ってしまわれるなら、あの時に……。悔やんでもしかたのないことだが……。時すでに遅しである。

なぜか一番やさしくしていただき、面倒をみてもらったのは私のように思える。先生は東京学芸大学に週一回月曜日に出講されていた。たまたま月曜に私が研究室に居た日、先生は顔をみせてくれた。「君が居るらしかったから。」と笑顔で入ってこられた。研究室ということで思いだしたが、私の『鈴木三重吉の研究』（明治書院）が、市古貞次編『国文学研究書目解題』（東京大学出版会）に掲っているのを知らせてくれたのは、薬師寺先生であった。

文学と教育の会にとって、大黒柱を失ってしまった。薬師寺章明先生の連載評論「『文学と教育』私見」はぜひ完結していただきたかった。文学と教育の二律背反についての、理論的な文柱は薬師寺章明先生だったように思う。落胆してはいられない。大久保先生の提案した文学と教育の二律背反の問題解明のために、私たちは取りくみ研究と実践を深めていかなければなるまい。『文学と教育の会会報』第一号で、薬師寺先生は「『文学と教育』第一集を読んで――その後の困難な課題――」という文章を寄せてくださった。困難な課題の解明こそ、文学と教育の会を支えてくださった薬師寺先生に答える唯一のお礼だろう。合掌。

〈現代ひずみ叢書〉などのこと

今日の教育のかかえているひずみについて、『国語教育の理論と課題』の中で「国語教育の今日的課題」と題して論じた。二本の「読書論」も教育のひずみの解明でもある。今日の教育のかかえているひずみの解明は、あれこれと論じてある。読書の問題も論及してきた。

読書に関わる著書としては、『国語教育の創造と読書』の前年に、『読書教育と児童文学』(双文社出版一九九〇・四)をまとめることができた。この本については、石井健介氏が次のように紹介してくれた。

根本氏の著書に接するとき、常に感嘆させられるのは、そこに掲げられた資料の膨大さと、それを精査する姿勢の緻密さである。本書においても、そのことは変わらない。

本書は「Ⅰ　読書教育と児童文学」「Ⅱ　読書案内」「Ⅲ　私の児童文学」という三部構成を取っており、「Ⅰ」には、氏が読書教育及び児童文学に関して昭和六一年一一月〜平成元年四月の期間に発表した論考が十二編収められている。「Ⅱ」には、穂積隆信著『積木くずし』から大久保典夫他編『現代文学研究事典』に至るまでジャンルを越えた四十五冊が紹介されている。「Ⅲ」は児童言語研究会の第二十五回夏季アカデミーにおける講演記録である。ここでは、鮮明な問題提起となっている「Ⅰ」と「Ⅲ」に焦点を当てて紹介したい。

児童文学について、氏は「芸術的児童文学」「大衆児童文学」という区分をしている。いや、むしろ今日まで故意に等閑視されてきた「大衆児童文学」を児童文学史の中に正当に位置づけたと言う方が正しい。このような児童文学に対する新しいとらえ方は、当然のことながら子供にとっての読書のあり方を問い直すことにもつながる。氏は述べている。

大衆児童文学を否定してきた戦後の悪書追放運動は、娯楽としての読書の否定でもあった。少年小説や少女小説の衰退の原因もそこにあった。教養としての読書が優位にあるという考え方は、小学校の教師の間に今日でも根強く残っている。大衆児童文学を視野に入れた、娯楽としての読書の意味を問う必要がある。

「教育」熱心な教師ほど、娯楽としての読書の、我を忘れるほどの楽しさを知らず、自分好みの「ためになる」読書のみを児童生徒に押しつける。そんな教師の「推薦図書」に背を向けながら、子供たちは膨大な量の「面白い本」を読破する。国語科が目指す「言葉の力」のほとんどがそのような教室外の部分で養われているとしたら、これほど悲惨で滑稽なことはない。——現場の教師にとって、足元が崩れていくような懐疑を抱かせるに足る一冊である。

（『学芸国語教育研究』第8号（東京学芸大学国語科教育研究室　平成三・三））

以上が石井健介氏の書評だが、雑誌『児童文芸』第36巻第11号（ぎょうせい　一九九〇・一二）の、「新刊紹介　今月の本棚」では、拙著『読書教育と児童文学』について次のように紹介された。

広義の教育を介して、児童文学は普及していく。本書の第一部「読書教育と児童文学」は、現代の子どもの実態から、まず娯楽としての読書をとりあげ、マスコミの子どものことばから、子どもにとっての読むことの意味を問いかけることから解きおこす。ついで教育現場の教材例、さらに、昭和の児童文学の流れを初期から戦後に及んで、九〇年代への課題を提示する。

第二部「読書案内」は、広い視点に立って例えば高橋健二「ケストナーの生涯」井上ひさし「ことばを読む」岡野薫子「私を呼ぶ自然の仲間」桑原三郎「児童文学と国語教育」など紹介。第三部を「私と児童文学」で結ぶ。

実作者、研究者のための資として貴重。

また、拙著『読書教育と児童文学』にかかわって、教育現場だよりを文学と教育の会に寄せてくれたのは加藤久美子氏である。加藤氏は理解を示してくれたわけで、拙著もそれなりの影響を与えたのだなと、感慨深い思いに今ひたっている。

加藤久美子氏の文章は、「高校生と学校の状況――根本正義著『読書教育と児童文学』に触発されて――」と題した次のようなものである。

教育と子どもたちの日常の生活を切り離して考えるところに子ども不在の教育論がはびこることとなる。

まず子どもの実態をありのままに見つめ、そこから出発することが、教育においては何よりも大切なことなのだ。この至極当然な事をなぜ今ここで書き留めているのか。当然だろうと考えられていることが、実際には理想という名のもとに見過ごされ、教育の効果、能率、合理性ばかりが重視されているという現状があるからである。

たしかに、子どもたち一人一人は実に多様で、その子どもたち一人一人にあわせた教育をすることは、至難の技かもしれない。また、学校という空間は、日常生活とは違って、特別な空間であると考えられてきた。教師は子どもを教育し、子どもは教師に教育される存在であり、子どもは学校における教育活動の中で、日々何かを学びとり健全に成長していくものである。多くの人が信じて疑わない常識であろう。もちろんこれを、全面的に否定するつもりはない。しかし、それならばなぜ、子どもたちが教育の場から疎外されてしまうのだろうか。もっとも大切にしなければならない、そして大切にしているはずの子どもたちになぜ居場所とでもいうべき場がないのであろうか。それはひとつには、子どもの日常の生活と学校という空間における教育が、切り離されているという現状に原因の一端をみることができる。

根本正義氏の『読書教育と児童文学』（双文社出版　平成二・四）を読んで、強くそう感じた。本書の根幹をなすテーマは、「生徒の視点に立つ」ということで、そのために「子どもの日常の読書」が重視されるのである。日常と学校、娯楽と学習、個人とクラス集団などの間を上下関係でとらえるのではなく、両者を交流させることによって、活性化し、子どもが本当に生き生きと伸びていくことができる教育を実現させようとするものである。教師として、あるがままの生徒を受けとめ、学習あるいは教育というものを特別視しないというあり方の大切さを教えられた思いである。根本正義氏の論文は常に、問題提起である。わたしたちが、常識として疑問をもたない条理の虚をつき、その虚妄性を暴く。普段問題視していないことの中にいかに問題が隠されているか、普段特別視していることが、いかに特別なことではないか、立ち止まって、もう一度考え直してみることの大切さを教えられた。

ここで、私の非常勤講師の経験の中で、私なりにとらえた高校生と学校の状況について述べてみたい。それが、根本氏の問題提起を受けて、いかに実践に生かしていくかの第一歩になると考えるからである。

「学校・授業・教育を特別視してきたことから生じる弊害」について。

生徒も教師も、そしておそらくは親も、学校という教育空間で行なわれる授業をはじめとする教育活動を、日常と切り離して、特別なものと考えている。そこには、一種の配慮が漂っている。

一学期の頃、なかなか質問が出なかった。

「どんな些細なことでもいいから、わからないこと、疑問に思うことがあったら、質問しなさい」

そんな問いかけに、授業中に応じてくるものは少なかった。その代わりというわけではないのだろうが、授業が終わった後の休み時間に、質問をもった生徒がやってくる。説明が終わってから、「授業中に質問すればよいのに」というと「こんなこともわからないのかと思われるのが恥ずかしい」とか「自分のためにだけ授業時間をとるのは、悪いから」といった答えが返ってくる。授業の中では、本音で語り合っていないのであった。「私の説明の仕方が悪いのかもしれないし、きっとわからないなぁとか、変だぞって考えてる人は一人じゃないはずだよ。質問に答えていくことで、もっとよくわかったということもあるのだから、今度は授業中に質問してね」そんなやりとりを繰り返すうちに、授業中に質問が出ることが多くなってきた。

ある先生は、発達段階によって違うのだろうけれどという前置をしたうえで、「高校生にもなって授業中本音で語り合いましょうといって本当に本音が出てくるようでは、そのほうがかえってうそくさいというか、そんなもんなんじゃないという気はします」と語っていた。たしかにそういった考え方もできると思う。人前で本音を言ってどうなるものでもない、ということもある。しかし、何かわけのわからないものに対して気を使って、配慮し、自分が抱えている問題意識を埋もれさせていてはいけないと思うのである。言いたいことを自覚し、何らかの形でそれを表現し、自分の問題を解決の方向にもっていく、学校においてもそういったことをしていくべきだと思う。

かつて、学校が担っている教育の機能の性質に、ウォーミング・アップとクーリング・ダウンの二種類があるという話を講義で聞いたことがある。日本語に訳して考えれば、さしずめ、励ましと諦めとでもなろうか。

学校あるいは教師は、生徒を励まし、生徒の夢と希望の実現のために力を尽くすものである、という考え方が一方にある。また、実際生徒の希望を実現させることを考えれば、あまり荒唐無稽な夢ばかりを追い求めさせてはならず、現実を見つめさせるためにも、時には冷静にならせることが必要であるという考え方も忘れてはならないとされる。この両者がうまくかみあって、連動していく時に教育の機能は、遺憾なく発揮されることになるという。

限られた時間で最大限の教育効果を狙うならば、効率というものを無視することはできない。しかし、今日の学校教育では、クーリング・ダウンの機能ばかりが目立っているのではないか。教育の成果を効率ではかろうとするならば、そこに生徒の生きる空間はないに等しいであろう。自分の希望もまだ明確に摑んでいない。ところが、ただなんとなく、自分は駄目だと考えている生徒のなんと多いことか。今は実現が不可能かもしれないけれど、これだけはいつかは実現させたいんだ、と考えていることをもっている生徒は少ない。私自身もこれだけは人に何といわれようともどれだけ時間がかかろうともいつかは実現させたいといえるものを明確に摑んでいるとは恥ずかしながら言えない。

だからこそ、ある先生に「何でもいいからのめり込め。のめり込んでやるところからわかってくるものがある」というお話をうかがったときに、「これだ！」と思った。

私に行動力がないのも、失敗を恐れて安易な方向に流れがちなのも、自分を信じる力が弱いからだ。私ももっと逞しく強力であるはずだ。失敗してもいつかは立ち直れる。むしろ、失敗から学ぶことのほうが多いはずだ。そう考えるようになってから、どれほど気が楽になったことか。学校とは失敗しながら学んでいくところなのである。そして生徒が、学校とは本当に失敗してもいい所なんだと考え、（安心して）失敗し、そこから多くのものを学びとれるようになるために、ともに歩む、友達や教師が必要なのである。

まだ芽生えてもいない芽を踏み付けるようなことはしてはならない。どれほどの時間がかかるかわからない。あるいは時には、水泡に帰すというようなこともあるやも知れない。しかし、教師は、生徒に本当に自分を信じることができる力をつけるようにするべきである。少なくとも私はそういう教師として生きたい。

ここまで『読書教育と児童文学』（前出）に触発された、私なりの考え方を述べてきた。根本氏は着実に、ご自分の研究の道を歩まれている。常に、自分に厳しく、実証的に研究を積み重ねていかれる。ご自分の主張を、資料や具体的な事例で裏付け、揺るぎないものとしている。人はそれを「ネモイズム」と呼んでいる。何かを徹底してやるからこそ見えてくるもの、わかってくるものがあるのだろう。

（『文学と教育の会会報』第20号　文学と教育の会　平成三・九）

『読書教育と児童文学』所収の、「娯楽としての読書教育」「マスコミと子どものことば――流行語・隠語と全国総共通語化の現象――」「児童文学をとらえる視座――読書のあり方の意味を問うことから――」

「児童文学と教材——文学作品からの教材化の問題——」「児童文学をどう読むか——昔話『かさごじぞう』をめぐって——」等の論稿は、読書と国語教育をめぐるひずみの問題について論及したものである。

これらの私の問題意識をふまえて、以後は現代のさまざまなひずみ、具体的には子ども文化と教育・マンガと読書・国語教育と戦後民主主義のひずみの問題について論及してきた。それらをまとめた著作が三冊ある。

その一冊である高文堂出版社の〈現代ひずみ叢書8〉の『子ども文化と教育のひずみ』（高文堂出版社平成八・一二）について、笹鹿岳志氏は、

本書は〈現代ひずみ叢書〉の一冊として刊行されている。「ひずみ」、特に子ども文化と教育の「ひずみ」と言ったとき、どんなことを思い起こすであろうか。いじめ、不登校等様々なものが考えられる。これらの問題を含めた大きな意味での「ひずみ」、その原因と解決策を論じると言うことは非常に難しく、あまりに広範囲にわたりすぎてかえって論点がぼやけてしまう。それぞれの専門家がそれぞれの立場から、これらの問題を論じたものは多々あるが、著者の根本氏もまた、児童文学研究者、大衆児童文化の研究者として、独自の視点に立って述べたものが本書である。

「ひずみ」というものがいかなるものであり、今の社会にどう影響しているのかいうことは特に触れられていないが、今の子ども、教育のありように少なからず疑問を持ち、その一因を述べたものが、巻頭にある「子どもの現実に即した国語教育」である。

ここで、根本氏の本書に一貫している主張を見ることができる。〈私は子どもたちの姿は、今も昔も変化していないと思う。戦後五十年間にわたる児童・生徒の娯楽としての文化の全否定が、子どもの

現実を理解できない状況をつくってしまったのである。〉と述べ、その〈娯楽としての文化の全否定〉とは戦後に起こった「悪書追放運動」であり、これによってマンガと大衆児童文学が、教育的価値を全否定されてしまったことにより「ひずみ」が生じてしまったとしている。その結果、国語科教育の中で言われる必要な読書とは〈国語教科書の延長上でという考え方が、親・教師・学生そして児童・生徒本人の間に定着して〉しまい、マンガは教育の妨げになるという虚言がまかり通るようになった。このような現状を鑑みて根本氏は、マンガを読む子どもが問題なのではなく、問題なのは〈マンガさえ読まない児童・生徒の存在〉であり、〈この子たちは学習活動ができないのではあるまいか〉と憂慮している。そこで、二十一世紀の国語科教育を考えていくにあたり、〈国語科教育が果たして学習を成立させるための、基礎学力の育成を担えるのかどうかという疑問〉から出発するべきであり、また〈マンガも読書という認識〉が必要であると述べている。

いささか前置きが長くなったが、以上のような立場から、大衆児童文化（大衆児童文学・マンガ・ゲーム）を教育の中に取り入れるべく編まれたものが本書なのである。

構成は章立てという形を取っておらず、一九九二（平成四）年からこれまでに雑誌等に掲載された論文（未発表論文一篇を含む）を並列して十七本掲げている。よって順序だって論じていくという形は取っていないが、私なりにまとめてみると、

「ひずみ」が起こった原因を社会の流れから（マクロ的に）捉えたもの

①　子どもの現実に即した国語教育

⑥　戦後の歴史的反省と大衆児童文学

「ひずみ」が起こった原因を個人の意識から（ミクロ的に）捉えたもの
④ 文学の読みの課題
⑤ 翻訳による教材と卒論のこと
⑧ 課題図書の児童文学観
⑫ 文学教育にかかわる諸問題
解決のための具体案（方向性）が述べられたもの
⑪ 必要な発想の転換
⑬ 小学生に必要な古典文学の素養（未発表論文）
⑭ 安易な「群読」への警鐘の本
⑮ 教育実践の新しい波
解決のための参考となるもの（参考図書等）
⑨ おすすめの児童文学アラカルト
⑩ 日本の児童文学賞
⑯ 歌謡曲とことば
⑰ 小学校教科書の詩人たちの変遷
特定の作家をあげ、解決策を論じたもの
② 〈物語〉の定義を明確に
③ 新美南吉と演劇

⑦　ニックネームと大衆児童文学

（注・丸数字は論文掲載順、副題は省いた）

となる。一見してわかるように、とにかく「ひずみ」を解消するための具体的方策が多く示してあり、また各論文中にある教材となりうる膨大な作品群には、すぐ見つけられるようにすべて出版社名と刊行年月が付されている。

本書は、国語科教育の読書を教科書の延長上からと考えがちであるわれわれにとって、新しい視点を示唆してくれ、また何を読めば良いかを紹介してくれるガイダンスとなるのではないだろうか。ただ、一つ一つの論文が短い上に情報量が多いので、根本氏の思索的部分は読み取りづらいが、それは別著の『国語教育の理論と課題』（高文堂出版社　昭六二・九）と『国語教育の創造と読書』（日本書籍　平成三・二）で知ることができる。

（『学芸国語教育研究』第15号　東京学芸大学国語科教育研究室　平成九・九）

と紹介してくれた。

また、石井健介氏は『文学と教育の会会報』第33号（文学と教育の会　平成九・九）で『子ども文化と教育のひずみ』について次のように紹介してくれた。

まず、書名に強く惹きつけられる。「ひずみ」という言葉は、教育関係の書物の本文で使用されることはよくあるが、書名に使われる言葉としては極めて衝撃的である。本書の出版元の高文堂出版社では「現代ひずみ叢書」というシリーズを企画し、政治・医療・産業などの多方面にわたって現代の「ひずみ」に焦点を当てた出版活動を展開しているが、本書は、その中の一冊である。巻末の「出版意図」にはこのような文言が記されている。

戦後50年、貧しい時代の夢は、次々に実現されて来た。しかし、それとともに新しい諸問題が生じている。それらは基本的には急速な社会変動から生まれたズレやひずみに由来するものである。「ひずみ叢書」は人びとが気軽に読み、自分達の生活のあり方を見直すきっかけをなし、その結果として諸問題解決への新しい波が、社会的うねりとなることを期待して編まれたものである。

右の文章を読むと、本書の性格がより一層明らかになってくる。そもそも「ひずみ（歪み）」とは、外からの圧力などによって、物の正しい形が失われることをいう。したがって、「ひずみ」について論じる際には、ひずむ前の、あるべき正しい姿に対する認識が不可欠である。根本氏において、その答えは明確である。氏は「あとがき」にこう述べている。

子ども文化のひずみについては、あちこちで書いてきたが、最大のひずみは娯楽としての子ども文化の全否定にあるといっても過言ではない。

子どもたちは娯楽としての子ども文化を受容することで、学校における学習が成立するための基礎学力を身につけてきた。しかし、娯楽としての子ども文化の全否定が、国語科という教科が学習を成立させるための基礎学力を、担わなければならないのだという方向を打ちだしてしまったのである。子ども文化のひずみが、即ち教育のひずみともなっているのである。

右に引用した考え方は、根本氏の一貫して変わらぬところであり、各方面で「子ども文化」の見直しがなされつつある今、先駆的な洞察というべきであろう。

本書は、根本氏の所論について、現代の子どもと教育のあり方に照らして再認識するための絶好の書である。私が特に目を惹かれたのは、国語科教育にかかわる「子ども文化」の対象として、マンガ・ジュニア小説に加えて「ドラゴンクエスト」に代表されるロールプレイングゲーム（RPG）に注目し、その物語的性格と可能性について分析がなされている点である。これらの方面に意欲的に取り組む若い研究者の成果なども紹介しながら論が展開されている。若い研究者といえば、若手の教育実践の紹介もあり、国語科教育の未来のために力のある人材を育てようとしている根本氏の温かい人柄も偲ばれる。

ひずみを論じた二冊目である、高文堂出版社の〈現代ひずみ叢書12〉の『マンガと読書のひずみ』（高文堂出版社　平成一〇・九）は、全国学校図書館協議会の選定図書（教師向き）に選定された。

本書について、『学校図書館速報版』11月1日号　第一五三八号（全国学校図書館協議会　一九九八・一一・一）は、「選定図書から」欄で次のように紹介している。

筆者は「子ども（児童・生徒）にかかわる、さまざまな文化（マンガも含む）と教育（読書も含む）のひずみは、娯楽としての文化の全否定によって生みだされた」と論ずる。

全体は12章からなり冒頭の「子どもの文化を軸にした論争を」で、神戸の小6殺人事件に関連して『金田一少年の事件簿』や『トイレの花子さん』をはじめマンガや大衆文学の影響力を論ずる評論に疑問を提起し、作品の虚構を虚構として読みとることのできる力を育成すべきだという趣旨を述べている。

また、学校図書館の充実と読書にふれた文章ではマンガの読書も含めて子どもを指導するためには教師が多様な資料の特性を知りつくさなければならないという。なお、中教審の提言にふれ到達度評価の問題点として文学教材の読みにおいて到達度はあるだろうか、と教師の読みの基準との矛盾を指摘する。
そして少年詩の考察、近代文学の教材化の問題から、児童文化と教育のひずみを論ずる。（H）

高文堂出版社の〈現代ひずみ叢書18〉の『国語教育と戦後民主主義のひずみ』（高文堂出版社　平成一一・一二）については、千田洋幸氏が『月刊国語教育』第20巻第6号　通巻二二五号（東京法令出版　平成一二・八）の「読書案内」欄で次のように紹介してくれた。

本書は、著者がごく最近に発表した、教育全般と国語教育に関する言及を集積したものである。表題にこめられた著者の意図は、「戦後民主主義を問い直しながら、そのもたらした弊害を具体的に明らかに」する、という「あとがき」の一節に明瞭であり、一般に子ども主体の教育観をもたらしたとされることの多い「戦後民主主義」の負の位相をあきらかにすることに、モチーフの中心がおかれている。

「戦後民主主義」に対する著者の批判は、民主主義を放任主義とはき違え、「教育は必然的に児童・生徒の自由を制限するもの」（あとがき）であることを忘却しているかのような教育の現場にむけられる。新学習指導要領、中教審答申、種々の教育改革の提言……等々に対し、あえて「時流」に逆らった視点からなされる批判は小気味よく、また明晰でもある。書評者自身、「自由」とか「個性」「多様性」といった美辞麗句《イデオロギー》が、逆に児童・生徒と教師を内側から呪縛する権力と化しているのではないか、という認識を常々いだいており、本書の指摘には肯けるところが多かった。

ただし、「戦後民主主義」は、戦後日本を支配する巨大な思想と文化の問題であり、その内実を分析する作業が本書ではまだ手薄である感は否めない。「戦後民主主義」を撃つためには、まずそれをいかに言説化するかが重要な課題となるだろう。本書はその一里程をなすものであろうから、今後の著者のさらなる追求を期待したいと思う。

このような仕事をまとめてきたわけだが、平成十一年四月一日付で東京学芸大学附属大泉小学校長を併任することになった。山田有策教授のご尽力によるものである。

附属大泉小の校長職以後と研究課題

平成十一年四月一日から平成十五年三月三十一日まで、附属大泉小学校の校長を併任した。この四年間は入学式の式辞に始まり、さまざまな行事や遠足等々でのあいさつ、そして卒業式の式辞と話をする機会が激増した。

いちばん大変だったのは毎週月曜日に設けられている、生活集会で全校生徒に話をしなければならなかったことだ。ここでは、詩と童謡を軸に行事にかかわる話や、季節にかかわる話をしてきた。私の児童文学と国語教育の研究が基盤になっている講話で成果があったと、今でもそういう自負を持っている。

四年間の話を四冊の著書にまとめることができた。その四冊を次に記しておく。

『詩と童謡の校長歳時記Ⅰ　小学校の教育を開く言葉』（らくだ出版　平成一三・六）

『詩と童謡の校長歳時記Ⅱ　子どもに〈根っこ〉と〈翼〉を与える言葉』（らくだ出版　平成一四・九）

『詩と童謡の校長歳時記Ⅲ　生活実感から感性を育てる言葉』（らくだ出版　平成一五・七）

『詩と童謡の校長歳時記Ⅳ　心を耕す生活にねざした言葉』（らくだ出版　平成一五・七）

『詩と童謡の校長歳時記Ⅰ』の出版について、岡崎美恵氏が「子供達に〈根っこ〉と〈翼〉を与える、校長先生のお話」という見出しで次のように紹介してくれた。このタイトルは歳時記Ⅱのサブタイトルに使わせてもらった。感謝申し上げる。

「子供達が、自分の中に、／しっかりとした根を持つために／子供達が、喜びと想像の／強い翼を

持つために／子供達が、痛みを伴う／愛を知るために／

そして、子供達が人生の複雑さに耐え、それぞれに与えられた人生を受け入れて生き、やがて一人一人、私共全てのふるさとであるこの地球で、平和の道具となっていくために。」

これは、皇后美智子様が、一九九八年九月にインドで開催された第二十六回国際児童図書評議会（ＩＢＢＹ）大会に「子供の本を通しての平和—子供時代の読書の思い出—」というお題で基調講演者としてビデオ参加された折に、結びの言葉として使われた感慨深いお言葉である。

著者、根本先生の「詩と童謡の校長歳時記Ⅰ——小学校の教育を開く言葉——」に触れ、私は、一人の小学校現場の教師として、また母親として、ほのぼのとした暖かさに包まれた安心感を得た。そして、冒頭に挙げた美智子皇后のお言葉を思い出した。正に、著者は、一年三九週の月曜朝会において、子供達に、人として生きていく中で必要な「根っこ」と「翼」を与え続けたのである。それは、終始一貫して子供達の「今」という生活に合致しており、著者の深く豊かな児童文学者としての学識に裏付けされた優れた「詩と童謡」のシャワーを溢れんばかりに、しかも力む事なく心地よく子供達に注ぎ続けたものであるといえよう。

月曜日という新しい一週間が始まる朝に、子供達は、こまごまとした教訓や説教ではなく、自分達の生活や頑張りを好意的に見守り応援してくれる校長先生からこのような温かい言葉を頂いたのだから、どんなに嬉しいことであったろう。そして、必ずそのお話の後には、自分たちの気持ちに沿うような優れた詩人や児童による詩を語ってもらえたのだ。その上、具体的な書物の紹介等、読書への誘いも魅力的で、この一年間に子供達が授かった文学の情報は膨大である。

ある美食家が、人間の味覚は十二歳までに完成されると述べている。ならば、言葉による感覚もおそらくこの年齢までに一つの形成を成すにちがいない。十二歳という小学校を卒業する年齢の子供達が卒業するまでにこのような優れた言葉のシャワーを浴びることの素晴らしさを思うと本当に嬉しくなってくる。

喜びや楽しさ、おもしろさ、悲しさ、くやしさなど生活に根ざした感情を、言葉で表現することの素晴らしさを知らず知らずのうちに自分の内に溜めていった子供達が成長していった時、どのような素敵な言葉の使い手になるのか今からとても楽しみである。

このご本には、児童文学者が教師となった時の一つの理想的な姿が具現化されているといえよう。教師だけではなく、広く一般の方々にも読んで頂きたい名著である。

（『学芸国語教育研究』第19号　東京学芸大学国語教育研究室　平成一三・一二）

鈴木清隆氏は氏の著書『国語通信2』（私家版　二〇〇二・五）の「編集後記」に次のように記してくれた。

根本先生のご著書は、兼務している学芸大学附属大泉小学校校長としての「朝会講話」をまとめられたものです。毎週月曜日の朝礼で、根本先生が子どもたちに語りかけた内容を編んだものです。その特徴は、例えば「観察する眼を」と言うメッセージを詩とあわせながら紹介するところにあります。ちなみに、「観察する眼を」では、まど・みちお氏の「顔が　みたい」という詩がとりあげられます。「今日から新学期が始まります。いろんなことに疑問を持って考えてみるという、そんな生き方もあるのではないかということについて話をします。」そう語りかけながら

じゃんけんを
かんがえたのは　だれだろう
顔が　みたいな
まんまるな　顔かな
その顔と　にらめっこ　したいな（後略）

と、紹介していきます。わたしが数えたところでは、年間に66の詩を紹介されています。校長の話しとしてたいへん独創的な企画だと感心させられました。わたしの場合は、どちらかと言えば動植物や宇宙の話しを選ぶことが多いのです。ただ、疑問をもつこと、考えることと言うメッセージでは及ばずながら共通している面があるぞと、独りがてんしたものです。また、わたしがよく知っている詩人の吉田定一さんの詩が紹介されていたりします。詩の内容をわかりやすく説明してくださっていて、詩鑑賞の著書としても多いに参考になりました。

拙著四冊のサブタイトルがそれぞれ異なっているが、講話の内容は一貫している。四本のサブタイトルは三位一体なのである。

『詩と童謡の校長歳時記Ⅱ』の出版の際には、久米みのる氏が雑誌『児童文芸』第49巻第2号（日本児童文芸家協会・銀の鈴社　二〇〇三・四）の、「新刊を読む」欄で次のように紹介してくれた。

東京学芸大学教授で、同大学附属大泉小学校校長の著者が、四月から三月までの朝の会で、子ども向けの詩・童謡に、御自身の子どもを思う気持ちをこめて語りかけた言葉から選りすぐったものだけに、どのお話も心にしみる。中でも春の始業式、前年一年生で主役だった新二年生が、今年はあまり注目されないで戸惑っている様子が描かれている。

著者が、その二年生に、『一年生の面倒を見てあげて』と、語りかける。

考えてみれば、スポーツ選手でも、芸能人でも、首相でも、デビュー時には、異常なまでにちやほやされたのに、二年生になると、一転という例が多いようだ。耳が痛い。

鈴木清隆氏は『詩と童謡の校長歳時記Ⅱ』にも眼を向けてくれた。氏の著書『国語通信3』(私家版　二〇〇三)の「編集後記」に次のように記してくれた。

根本先生のご著書は、『詩と童謡の校長歳時記Ⅰ―小学校の教育を開く言葉』の続編です。『国語通信2』の編集後記で編集の意図を紹介させていただきましたので、ここでは繰り返しません。筆者も毎週児童朝会で子どもたちに話をします。実は、根本先生の選ばれた詩と講話の趣旨を著書から二回お借りしました。習うより真似ろというわけです。一回は「勤労感謝の日」、もう一回は学期はじめの「ともだち」に関した講話です。真似てみての発見がありました。詩を通して伝えたいメッセージがはっきりしている。なぜはっきりしているか。それは例えば「勤労」とは何かの概念がとりだされ、その概念を土台として子どもにとっての「勤労」を位置づけているからです。「学ぶこと」もそのひとつに位置づけられます。学ばされるのではなく、学ぶことが「勤労」という視点です。楽しい講話ばかりですが、生き方の厳しさが土台になっています。

話題にしてくれたということで言えば、畑中圭一氏が雑誌『日本児童文学』第49巻第3号(日本児童文学者協会・小峰書店　二〇〇三・六)の「詩・童謡」欄に次のように記してくれた。

子どもに詩を届けるという点で教師の力が大きいことは言うまでもない。これも前年出された本の続編だが、根本正義著『詩と童謡の校長歳時記Ⅱ』（らくだ出版）は集会の講話で詩や童謡を紹介する校長先生の記録である。教科書や副読本での学習を含めて、詩や童謡を子どもたちに届けるしごとを先生がたにぜひお願いしたい。学校は文化の伝承と創造の場でもあるのだから。

校長職の締め括りとしてまとめたのが、次の二冊である。

『校長徒然《つれづれ》譚《ばなし》』（書肆楽々　平成一六・三）

『根本正義教育随想　いつくしむこころ』（書肆楽々　平成一六・三）

締め括りということで言えば、私の国語教育研究の締め括りの第一弾としてまとめたのが『子ども文化にみる綴方と作文――昭和をふりかえるもうひとつの歴史』（ＫＴＣ中央出版　平成一六・五）だ。

従来の綴方・作文教育史は、『赤い鳥』の綴方教育を文芸的リアリズムの綴方教育だと位置づけて、昭和初期の生活綴方運動への流れとして論じている。そして戦時下の綴方教育は空白で、戦後の民主主義教育によって生活綴方教育が復興し、『山びこ学校』が出版され、国分一太郎によって綴方教育論が確立されたという視点での論及となっている。

そうして、綴方・作文教育は日本作文の会を主軸に、学校教育とのかかわりで今日まで実践されているという考え方が大勢で、さまざまな実践や理論の書物が出版されている。

私は『赤い鳥』の綴方教育は文芸的写生文による綴方教育で、まさしくリアリズムの昭和初期の生活綴方教育とは異質だととらえている。

その前提で、戦時下においても綴方教育はおこなわれたわけで、空白だったのではないという立場で、雑誌『綴方学習児童』にみる綴方教育と、坪田譲治の戦時下における綴方教育の内実を明らかにした。

このような分析をふまえて、戦後は生活綴方運動とは全く別に、児童雑誌で綴方教育が隆盛し、大衆児童文学雑誌である『少年クラブ』等でも、子どもの作文や詩が掲載されて、学校教育とは別の場で健在であったことを論じた。

拙著『子ども文化にみる綴方と作文』では生活綴方運動とその復興には論及していない。だからといって、生活綴方を評価していないわけではない。生活綴方の到達点は『講座・生活綴方』全五巻（百合出版）であり、この講座も視野に入れて、綴方・作文教育を考えてくれよという意味で、総目次を作成して拙著に収録してある。

私の歴史観によるもので、解放史観ではなく敗戦史観にもとづいているわけだ。子ども文化に眼を向けたのも、敗戦史観によっているといえる。その意味で、滑川道夫著『日本作文綴方教育史3〈昭和篇Ⅰ〉』（国土社　一九八三・二）とは異質の綴方・作文教育史なのである。それは歴史観の違いによる。

この〈昭和篇Ⅰ〉を読んだ範囲内で言えば、滑川道夫氏が健在で昭和篇Ⅱ、あるいは昭和篇Ⅲまで構想していたにしても、私の作文・綴方教育史とは異質のものになったであろう。故滑川氏は昭和初期の生活綴方運動に、相当の頁を割いている。このような視点からは、絶対に戦時下に連動することはない。

もうすこし言えば、滑川氏の作文綴方教育論は、「第七章　前期生活綴方教育の誕生」「第八章　昭和戦前期の児童文・詩集の状況」について論じているが、すべて生活綴方についてである。雑誌『綴方学習児童』にはまったくふれていない。第九章は「生活綴方の発展過程」で、ここでは雑誌『綴方生活』について論及している。

さらに「第十章　昭和初期綴方教育の証言」「付章　『北方教育』創刊の前後」と論じている。すべて生活綴方についての論及である。その意味で拙著『子ども文化にみる綴方と作文』とは全く異質で、戦時下には連動しないのである。

それはまさしく私と故滑川道夫氏との歴史観の違いである。その歴史観の違いをご理解いただくために、次に図で示しておく。上段は故滑川氏等の一般的な立場、下段は私の立場である。

『赤い鳥』文芸リアリズム
→ 生活綴方運動
→ 戦時下は空白
→ 1945（昭和20）年8月15日 終戦解放
→ 戦後の生活綴方　国分一太郎等の理論
→ 日本作文の会の活動
＝
学校教育とのかかわり

歴史の断絶

（下段）

『赤い鳥』文芸的写生文
→ 雑誌『綴方学習児童』
→ 戦時下の綴方　坪田譲治の仕事
→ 1945（昭和20）年8月15日 敗戦占領
→ 戦後の児童雑誌・少年雑誌・少女雑誌の作文・綴方
児童文学と作文の会
（『講座・生活綴方』総目次）

歴史の連続

次に拙著の目次を示しておく。

ともあれ、拙著『子ども文化にみる綴方と作文――昭和をふりかえるもうひとつの歴史』をとりあげてくれた文章を引用しておくことにする。

まず中原國明氏は、『学芸国語教育研究』第22号（東京学芸大学国語科教育研究室　平成一六・一二）で次のように紹介してくれた。

児童文化や子ども文化との関連から、国語教育について常に鋭い問題提起をされている根本正義氏が国語教育研究三部作『国語教育の遺産と児童文学』、『国語教育の理論と課題』、『国語教育の創造と読書』に続いて、『子ども文化にみる綴り方と作文――昭和をふりかえるもうひとつの歴史』を刊行された。人と人とのかかわりが希薄になっている社会状況の中でコミュニケーション作文が強調されている今日、やや認識・思考面、文化面へのアプローチが不足しているように思われる。本書は、制度としての国語科教育以外の場における作文教育について論じたものであるが、これからの作文教育を考える視点が示唆される。

著者はあとがきで「本書は明治期の『少年世界』と大正期の『赤い鳥』を起点に、戦後を中心に昭和二十年代から昭和三十年代までの、作文・綴り方教育の歴史について論及した。（略）特に重点を置いたのは、戦後の児童雑誌と少年少女雑誌の綴り方・作文教育についてである。そこでは制度としての教育の場を離れて、子どもたちは実に生き生きと文章を書き、実に多くの教師たちが指導にあたっていた。それらの内実を、私なりに分析したのが本書なのである。その意味で本書は、これまでまったく論じられなかった作文・綴り方教育史である。」と述べている。

昭和二十年代、三十年代の論考では、『季刊作文教育』の位相、児童雑誌『赤とんぼ』と山本映佑、民主主義と子どもの文章、新聞社の綴り方教育、雑誌『少年少女』の作文教育、『少年少女』と、『野上の鉄っちゃん』、生活文と小学館のつづり方コンクール、作文の会と児童文学、大衆児童文学雑誌の投稿欄の題目で述べられている。これらの論考から当時の子どもの投稿等を通しての作文への意欲、編集部と投稿少年の結びつき、優れた選者の評・作文に対する考え、詩・作文の指導方法、作文コンクールの方向、先生が書いた童話集等意気込みが感じられ、現代の作文教育に欠けているものを痛感する。私も二十年代は投稿少年、三十年代は文集作りに燃えた青年教師であり一つ一つの論考に思いが重なる。

次に引用するのは、雑誌『現代文学史研究』第四集（現代文学史研究所　平成一七・六）の新刊紹介である。

学校で行われる「国語科教育」を、日常生活の中で行われる「国語教育」と分けて考える場合がある。たしかに「科」という一字の有無から浮かび上がる両者の差異は、国語の習得という意味では重要だろう。就学前の子どもがパソコンを使いながらひらがなを覚えたり、敬語が使えないと言われている子どもがインターネットのヴァーチャルな関係性の中で特殊なムラ言葉を自在にあやつれるようになったりするのも、広義の「国語教育」の問題である。

「昭和をふりかえるもうひとつの歴史」という副題をもつ本書は、明治期の投稿雑誌に始まり、戦前・戦中の綴方教育の実相、さらには戦後の児童雑誌や少年少女雑誌にみる作文・綴方教育や、出版社・新聞社の企画した各種コンクールに至るまで、近代の作文・綴方教育史を縦覧しながら、主として戦後の作文・綴方教育史の再検討を試みた、他に類例を見ない研究書だ。豊富な資料と図版を駆使した叙述は、とにかく臨場感たっぷりである。また、子どもたちがどのように〈読む／書く〉という技能を獲得してきたのかが、制度としての「国語科教育」の研究や学習指導要領にもとづく教室での実践記録などとは全く異なった位相で論及されていく。

「国語科教育」という範疇には収まらない「国語教育」の一側面を鮮やかに照らし出し、従来の作文・綴方教育史の空白を埋める好著である。（児）

鈴木清隆氏は氏の著書『国語教育における〈意味生成〉論序説』（私家版　二〇〇六・五）の、「第3章作文教育の〈現在〉」の「注記1」に次のように記している。


猪口氏（引用者注・社会科学者の猪口孝）の視点とはまったく異なる視点から「作文教育の歴史」を扱い、「作文教育」に鋭い問題提起をした著作に出会うことができた。根本正義著『子ども文化にみる綴方・作文――昭和をふりかえるもうひとつの歴史』（KTC中央出版）である。その「序にかえて」で氏は次のように研究の意図を述べている。

「本書は制度としての国語教育以外の場における、作文教育の歴史について論じたものである。その歴史的変遷をたどってみたわけだが、子ども文化としての大衆児童文学と国語科教育の関連に、私は強い関心をもっている。」「子ども文化を等閑視してきた国語科教育に、大きなツケがまわってきたのが九〇年代だといえる。二十一世紀を歩み始めている今の国語教育を考えるてがかりとして、本書がいくばくかの役割を果たせればという思いが私にはある。」

更に「あとがき」でも執筆の意図を次のように述べている。「制度としての教育をめぐる作文・綴方教育の研究や、学習指導要領をめぐる作文教育の研究等は、膨大な量の書物が出版されている。そこで視点を換えて商業誌としての児童雑誌や、少年少女雑誌にみる作文・綴方教育や、出版社・新聞社の企画した作文・綴方コンクール等を軸にした、作文・綴方教育史の再検討を試みたのが本書である。子ども文化を軸に、その歩みを論じてみたのである。」

この意図にこめられた視点は斬新である。なぜなら、作文教育論争の基本的な枠組みが逆照射され、枠組内での論争のもつ危うさが意識されざるをえないからである。作文を教育の制度内に限定した上で、その課題改善を図りつづけることだけで良いのか、という鋭い問題提起なのである。元々教師の具体的な日常生活は子どもたちを眼の前にして何事かを考え、伝え、自らも学び続けることである。ところがその生活を続けていくと、眼の前の子どもたちのことを最もリラックスした状態で理解したいという思いが日々強くなっていく。学校内の意図的な関係のなかでの児童ではなく、根本氏のことばでいえばまるごとの「児童文化」をつかみたくなるのである。ところでまるごとの児童の文化をつかむのに学校内、教育内に限定していて平気でいられるのか。そんなことはないだろう。根本氏はそういう問いをまっすぐ立てているのである。不遜を顧みずに言えば、わたしが「わらべうた」や「ことばあそび」を国語教育にとって、また人の自立にとってなくてはならないものとして位置づけようとしてきたことと対応できる問題意識である。いや、氏のほうがはるか以前から生活としての児童文化、伝承文化を国語教育にとってなくてはならないものだと位置づけてきていたのである。柳田国男の国語教育論につながる仕事であると思う。

根本氏の意図にふれて、わたし自身は自分の方法を振り返えらざるを得ない。一言で言えば、制度内の教育に限定されながら、子どものありのままの言語生活実態をつかむ方法を無意識に手探りしてきたこれまでの方法についてである。

　わたしがやってきたこれまでの手探りは現在の状況の中で意味と価値をもっていると考えている。なぜなら、現在、学校というシステム以上にシステム化した家庭や場が可能となった社会があるからである。例えば学校における体罰をこえた虐待によって子どもを死に追いやる家庭のシステムも出現してきている。また、子ども同士がやりとりをするなかで、相手を死に追いやってしまう事件も起こっている。いわゆる制度内としての学校の方が相対的にゆるやかな管理であるという現象が表れてきているのである。こういう社会の中で〈子どものありのままの言語生活実態をつかむ〉努力はどのようになされるべきなのか。それは場をとわず、視点の重要さに気づいた人が様々なところで試みることしかないと考えている。わたしの場合はたまたま学校という制度内である。どこであるかが大事なのではない。その視点に気づくことが大事なのである。

『子ども文化にみる綴方と作文』については、日本国語教育学会会長の倉澤栄吉氏が次のような「推薦の言葉」をお書きくださった。

　これまでの生活綴方の扱いは、思想と経済の史的考察に傾きすぎています。「文化」史として光を当てられた著者の業績は、「お見事」と申すほかございません。

作文綴方教育史としては、最近、兵庫教育大学の菅原稔氏の学位請求論文が刊行されましたが、これは兵庫県史。

著者のご近業は、近代日本の児童文化史。感銘いたしました。

また、作文と綴方と児童文学との「三位一体」化を志向される著者の「子ども文化」論は、学習材研究の今後を、方向づけてくださっております。拙著については批判もあった。一部の人には戦中と戦後を結びつけた私の歴史観、敗戦史観が理解されなかったようだ。

これまで以上のような国語教育研究を続けてきたわけだが、では私の今後の研究の方向はと言えば、戦後の少年小説・少女小説の作品論に取り組んでいきたいと考えている。その方向を示したのが、『占領下の文壇作家と児童文学』（高文堂出版社　平成一七・七）である。

そのカバーに、〈乙酉《きのととり》（一九四五年）から乙酉（二〇〇五年）の封印。戦後六〇年目の乙酉にして初めて開封された、占領下の文壇作家と児童文学の位相。その作家たちが関わった、出版九五社の少年小説・少女小説と雑誌を鳥瞰し、火野葦平を論じた昭和文学史の空白を埋める書誌と論考。〉と記した。

火野葦平については、紀要に発表した「火野葦平の少女小説論」を収録した。紀要に発表した時に話題にしてくれたのが、兵庫教育大学の向川幹雄研究室のホームページ「児童文学研究文献紹介」（一九九七・一〇・二七）のコーナーであった。

紹介文は次の通りである。

根本正義「火野葦平の少女小説論――『七色少女』をめぐる戦後大衆児童文学の位相――」、東京学芸大学紀要第二部門人文科学第48集、一九九七・〇二

火野葦平の少女小説『七色少女』（同和春秋社、1954・11・10）を軸に、戦後大衆児童文学の位相について考察。『昭和少年少女文学選集　全十巻』（同和春秋社）に代表される戦中を生きた児童文学者の作品が、その戦争責任を問われ、民主的批評家グループの唯物史観による批評によって断罪さ

れたため、火野の『七色少女』も戦後の児童文学史の中にきちんと位置づけられなかったと指摘。火野の『革命前後』（中央公論社　１９６０・１）の中に、彼の唯物史観批判、戦後は戦中と地続きであるという考え方や、軍国主義や軍閥や軍隊は憎まねばならないが兵隊にはなんの罪もないという彼の思いをみている。『七色少女』を『青春の泥濘』（六興出版社、１９５０・３）と『革命前後』の中間に位置する作品ととらえ、戦中戦後を生きた火野の総決算で、絶望の中で新しい社会の建設への希望を七人の少女に託したのだと考えている。また、解放史観と敗戦史観の両面から、実に多様な戦後の事件や社会問題を凝縮している作品であるととらえている。（曽村）

また、この拙論「火野葦平の少女小説論」について、山根正博氏は次のように紹介してくれた。

この論の著者である根本正義氏には、論の中にも紹介されているように、戦後大衆児童文学について、多くの論考がある。今回の論文では、戦後の児童文学史に関する研究書でも取り上げられることのなかった火野葦平の『七色少女』（昭和二十九年十一月）の児童文学史の中での位置づけ、並びに火野葦平の作家活動の中での位置づけを試みている。

火野葦平の『七色少女』は戦後の児童文学史の中できちんと位置づけられてこなかったと書いた。著者は、その理由が昭和二十年代の文学や批評をめぐる状況にあるとする。昭和二十年代、批評家として幅を利かせていたのは、終戦を境に新しい時代が始まったと考え、戦中のものを全て悪と断罪してかかる「民主的」批評家グループであった。そのグループによって、戦中を生きた火野葦平の作品は、児童文学を含めて断罪されていた。そんな世の中の流れを火野はどう見ていたか。著者は火野の考えを、昭和三十五年一月に刊行された『革命前後』を手がかりに探り出す。

『革命前後』の中で高井多聞の手紙に託して、「僕は、君と同様、兵隊が好きだが、軍部や、職業軍人はやっぱりいない方がいいんだ。この意味で、僕は敗戦による日本革命を歓迎する。現在の大混乱はやがて静まるだろうから。そのときはじめてほんとうのことが明らかになるのだ。」と、火野は書いている。このあたりに着目し、火野が、終戦によって新しい時代が始まったと考えるグループが主流となっている状態を「大混乱」と考えていたこと、戦後という時代は、軍部や職業軍人を除いた戦中から生きていた人たちによる革命であり、戦中と地続きのものであると考えていたことなどを著者は導き出す。そして、これらの『革命前後』に見出すことの出来る思いを託されたものとして『七色少女』を位置づけている。『七色少女』の中に次のような部分がある。「戦争中は、軍隊の厳しい規律で、上官の命令はどんなことでもきかねばならなかった。（中略）いい人たちが命令されたりして心にもないわるいことをしなくてはならん。（中略）罪はお父さんたちにはない。戦争にあるんだ。」ここに見られる考え方は、戦中のものごとを全て悪と断罪してかかる民主的批評家グループの考え方とは異質なものである。そして、『七色少女』と同じ問題意識の下に書かれた作品として加藤武雄の『月夜の笛』、佐々木邦の『ぼくらの世界』等を挙げ、敗戦の現実を直視し、祖国の再建に願いをこめた児童文学作品のほとんどが大衆文学の作家たちによるものであることを指摘している。昨今、戦中の日本の行為を全面的に悪と断罪している歴史教科書の記述をめぐって、各界で議論が繰り広げられているが、そういった今日の視座から見ても意義のある小説だと著者は評価している。

では、火野葦平の作家活動の中で『七色少女』はどのような意味をもっている作品なのだろうか。これまで戦後の火野を論じたものの中に、敗戦の挫折感を自己批判的に描いた『革命前後』を引き合いに出し、火野自身の絶望を指摘するものがある。『革命前後』の五年前にかかれた『七色少女』では、少女たちが希望を胸に抱き、様々な困難を乗り越え新しい生活を築いていく姿が描かれている。全く正反対の世界が描かれているとも言える二作だが、火野の絶望が少女への希望として描かれたとも考えられ、『七色少女』と『革命前後』は、戦後の火野の胸中にあるものが対をなす形で表れた作品と考えることができると結論づけている。

（『文学と教育の会会報』第35号　文学と教育の会　平成一〇・九）

『占領下の文壇作家と児童文学』は、全国学校図書協議会の選定図書（教師向き）となった。『学校図書館速報版』11月1日号　第一七〇六号（全国学校図書館協議会　二〇〇五・一一・一）の「選定図書から」欄で次のように紹介してくれた。

本書は「大衆児童文学の戦後史」（「『少年小説大系』月報」連載、三一書房）の増補改訂のため、日本児童文芸家協会などに加わった文壇作家たちによる少年小説・少女小説の書誌作成作業を通してまとめられた労作である。

全体は、「占領下の少年小説・少女小説」「占領下の少年雑誌・少女雑誌」「火野葦平の少年少女小説論」「大衆児童文学の戦後史」の4章からなる。第1章では、占領下で偕成社・ポプラ社・講談社・東光出版社・光文社などの85社、雑誌を含めると95社がおびただしい出版を手がけたとして書誌を取り上げて紹介している。第3章では、火野葦平の『七色少女』を取り上げ、その中で語られている人間模様から「戦後は戦中と地続きであるということを、如実に描き出している」と論じて印象的である。火野は従軍作家として活躍した人物であり、著者の立論は第4章で取り上げている「ささぶね船長」の永井萠二や「鉄の町の少年」の国分一太郎の創作態度や歴史観と比較して考察できるのが興味深い。

なお、一時代を画したともいえる東都書房の少年少女小説を紹介しているのは貴重である。(H)

拙著に興味をお持ちの方は、利用の便のために『占領下の文壇作家と児童文学　索引』(高文堂出版社平成一七・一二)を編んであるので参考にしていただければ幸である。

今、大久保典夫先生が主宰する、現代文学史研究所の雑誌『現代文学史研究』に、「現代児童文学史＝一九三〇年代」を連載している。まずはこれを完結させることが、私の研究課題である。

最後に国語教育あるいは教育についての、私の問題意識と課題を記しておく。

第一の課題は、落ちこぼしをどう救うかだ。落ちこぼしが救えないまま、「ゆとり教育」を中軸とした学習指導要領が、平成十四年度から施行された。しかし、平成十五年十二月に文部科学省は、「歯止め規定」の運用の緩和と、発展学習を認める通知を、全国都道府県や教育委員会に出した。学習指導要領の改正を、二年で再検討することになったのである。

新学習指導要領による学習によって、すべての子どもが基礎・基本の習得ができるという幻想を、支持した人々は反省すべきだ。「ゆとり教育」などという幻想以前に、落ちこぼしを救う手だてを考えるべきだったのである。落ちこぼしを救うために、「学習活動を成立させるための潜在的な力の育成を」考えるべきだったのである。

平成十五年十月七日の中央教育審議会の最終答申は、「総合的な学習の時間」の改善を求めている。これもまた学習指導要領実施二年で、見直しを余儀なくされたのである。

教科を軸にした総合的な学習の時間を考えれば、平成十五年十月七日の中教審答申で、「教育内容の乏しい授業が放置されたり、教諭の政治信条に基づいた偏向教育も散見され」るから改善をと、指摘されることはなかったのである。
私は以前から教科を軸にした、国語科「総合的な学習の時間」のありようを提言してきた。その私の主張をまとめたのが、拙著『国語教育と戦後民主主義のひずみ』(高文堂出版社　平成一一・一二)である。
その後の教育の動向についてだが、平成十七年五月二十二日付『産経新聞』(朝刊)は、「中教審　義務教育特別部会の審議経過報告」について、「台東区新教育目標」について報じた。

審議経過報告では総合的学習の時間の削減を示唆したとして、次のように報じた。

「ゆとり教育」の象徴として教育効果に疑問の声があがっている「総合的学習の時間」は「授業時数の再検討が必要」とし、現在、小学校で週三時間実施している授業時数の削減を示唆した。

また、東京都台東区の新教育目標については、「「ゆとり」外します／土曜スクールを充実」という見出しで次のように報じた。

東京都台東区教育委員会は二十一日(引用者注・平成十七年二月)、区の教育目標・教育指針から来年度、「ゆとりある教育活動」という表現を削除することを決めた。「ゆとりは『ゆるみ』と誤解される」とし、区立の全学校にも原則として使用しないよう徹底する。文部科学省がゆとり教育路線の見直しを打ち出す中、これを先取りした動きで、全国的にも「ほかに聞いたことがない」(文科省)という。

このように報じるとともに、児童・生徒の学力低下傾向を背景に、「ゆとり教育」から撤退する動きは、すでに各地で広がっているということも報じている。
文部科学省は全国的にも「ほかに聞いたことがない」としているが、ゆとり教育から撤退する動きは広がっているのである。

このような動きに関連する発言に、平成十七年十二月二十七日付『産経新聞』（朝刊）の「正論」欄の、西村和雄京都大学教授の「ゆとり教育の見直しの手綱を緩めるな／閉ざしてはならない改革への道」という主張がある。

西村和雄はその主張の結びを、〈中山前文科相が拓いた改革への道を再び閉ざしてはならない。文科省の中にも、ゆとり教育を積極的に見直そうとする人たちがいる。そういう動きを応援すべく、大阪の主婦が中心となって、ゆとり教育見直し政策を支持する市民の会ができ、署名運動が始まった。ぜひ、この運動が全国に広まってほしいと思う。〉（引用文中の傍線は筆者）と締めくくった。

これまで何度も、ゆとり教育を見直さなければならない、教育の実態が示されてきた。平成十八年七月十四日に公表された、国立教育政策研究所の学力テスト（特定の課題に関する調査）の結果では、一貫した論旨の展開という思考の出来ない小・中学生、基礎・応用力とも低下している実態が明らかになった。これもゆとり教育の歪みである。

さらにいえば、平成十七年十二月のベネッセ教育研究開発センターの国語学習に関する調査で、ゆとり教育の歪みが指摘された。この調査結果について、平成十七年十二月三十日付『産経新聞』（朝刊）は、「漢字書き取り／「ゆとり」歪み浮き彫り／記述問題も身につかず」という見出しで次のように解説されている。

ベネッセ教育研究開発センターの国語学習に関する調査では中学生の漢字を書き取る力が深刻な状況にあり、小中学校で実施されている「ゆとり教育」の問題を改めて浮き彫りにした格好だ。

（中略）

児童生徒の国語の学力では、漢字の書き取り能力だけでなく、自分の考えを一定の条件のなかで説明する記述形式の問題など、本来はゆとり教育が獲得を目指した力も十分に身についていない実態が各種調査で指摘されている。

学力低下への不安や批判が高まった結果、文科省は発展的な学習を弾力的に指導できる方針を打ち出し、中山成彬前文科相が初めて学力低下を認めた。学習指導要領の改正論議に一時弾みがついたが、省内には抜本改正への消極論、慎重論が根強く結論は出ていない。(安藤慶太)

そうして、ようやく文部科学省は平成十八(二〇〇六)年一月十七日、学習指導要領を平成十九(二〇〇七)年度までに改訂する方針を盛り込んだ「教育改革のための重点行動計画」を策定した。

これは義務教育の構造改革のための行動計画で、新学習指導要領の理念のひとつに、基礎・基本の定着と自ら学び考え行動する力を育成することを掲げている。義務教育の問題で言えば、私は第一義的には〈落ちこぼし〉をどのように救うかだと考えているのだが、どうなるのだろう。

義務教育を終える段階で、児童・生徒が一生人に使われる立場と、人を使う立場に二極化されないことを望む。〈落ちこぼし〉が救えなければ、夢も希望も持つことのできない子どもたちが存在することになるのだ。学力は回復されるのだろうか。

第二の課題は、日本図書教材協会(日図協)に加盟する教材出版社による著作権侵害の問題をどうするかだ。その実態と谷川俊太郎氏等八人を原告とする、著作権侵害裁判の東京高裁判決の要旨が、『JVCAニュース』第三号(日本ビジュアル著作権協会 二〇〇四・八・九)に特集されている。

研究者が論文執筆において、他人の論文を盗用・剽窃しても自ら盗用であり、あるいは剽窃だと考えていないという事実がある。ひょっとしたら、教材出版社による著作権侵害の、延長線上に存在する問題なのかもしれない。

国語科教育研究全般の見直しが必要になるように思われるし、アカデミックハラスメントの問題ともからめて、あらゆる角度からの検証が必要のようにも思われる。国語教育史、あるいは読書論、もちろん作文・綴方教育史も含めてだが、誰が書いても同じにはならないのである。

第三の課題は、男の子の文化と女の子の文化を、どのように考えるのかという問題である。この問題にかかわって、東京都教育委員会は「ジェンダーフリー」という用語を、男女の性差までも否定する過激な男女平等教育の背景だとして、教育現場から排除することを決定した。平成十六（二〇〇四）年八月十二日のことである。学校における「男女混合名簿」の作成も禁止するというのが都教委の方針だ。ジェンダーフリーという考え方で、雛祭りや端午の節句まで否定することはあるまい。男の子の文化と女の子の文化は、厳として存在しているし、必要な文化なのである。

これらの課題解決が、私の研究課題でもある。大衆児童文学としての少年小説・少女小説の作品論、そして国語教育のかかえているさまざまな問題解決のため研究を深めていきたいと考えている。

（私家版『最終講義録　私の国語教育研究の軌跡——東学大での27年間をふりかえる——』東京学芸大学国語科教育根本研究室
二〇〇七年二月七日　一部加筆）

エピローグ

（二）

片仮名語は嫌いなのだが、敢えてエピローグとして本書を締めくくっておきたい。論文の終章や結論ではないからだ。つまり、あとがきを拡大した私の思いと歩みを記しておきたいと考えると、それも、あちこちに書いてきた短い文章を引きながら、ということになるとやはりエピローグということになるのだろう。

私の研究の原点は、大久保典夫先生との出会いにあったといっていいだろう。大久保先生は私の高校時代の恩師である。一九五七（昭和三十二）年以来、今日まで薫陶を受けてきた。これからも受けていく。東京学芸大学で同僚であった大久保先生は、矍鑠として現代文学史研究所を設立した。二〇〇三（平成十五）年五月のことである。機関誌『現代文学史研究』の発行も順調である。

大久保典夫先生は二〇〇二（平成十四）年に笠間書院から刊行された『岩野泡鳴の研究』で、二〇〇四（平成一六）年三月に早稲田大学から博士（文学）の学位を授与された。まさしく大作である。

博士（文学）の学位授与の評論以前刊行の、許多ある大久保先生の著作のなかから、『現代文学の宿命と構図』（高文堂出版社）について、『文学と教育の会会報』第二六号（文学と教育の会　一九九四・九・五）で書評した。それを引いておく。なお、大久保典夫先生については拙著『国語教育と戦後民主主義のひずみ』（高文堂出版社　一九九九・一一・一五）のなかに、「大久保典夫先生と私」と題した文章をいれてある。

『現代文学の宿命と構図』の全体は四部から構成されている。第一部は〈文学史のとらえ方・考え方〉、第二部は〈現代小説の構造〉、第三部は〈作品世界の解読〉、第四部は〈詩・評論の研究と鑑賞〉となっている。

第三部と第四部はいわば作品案内で、安部公房『榎本武揚』、中上健次『岬』、三島由紀夫『春の雪』、岩野泡鳴『泡鳴詩集』、中里恒子『時雨の記』など十九篇の作品が解説されている。

これらの中で、例えば保田與重郎の『日本の橋』を、日本浪曼派の心情の美学が生んだ傑作と位置づける等、文芸評論家としての作品読解の的確さが随所に光っている。

書名である『現代文学の宿命と構図』というテーマは、第一部と第二部に凝縮されている。

第一部〈文学史のとらえ方・考え方〉の、「昭和文学の宿命―芥川龍之介と昭和文学」では、一九二一年（大正一〇年）を起点にした現代文学史を論じ、三島由紀夫は昭和文学の宿命を象徴的に体現したと結んでいる。大久保氏には『物語現代文学史　一九二〇年代』（創林社）があり現代文学史だが、昭和文学の宿命についての起点の問題がこの本で詳述されている。

現代文学史の問題でいえば、大久保氏の文学史観からすると、むしろ一九四〇年代について論じていただきたい。一九四〇年代については、これまでの著書の中にもその論考があるわけだが、『物語現代文学史』ほど体系的ではない。本書でいえば次の論稿が興味深かった。

それは、「批評における戦前と戦後―「政治と文学」をめぐって」と「戦時下と敗戦直後の文学」という二本の論稿である。

特に後者における、〈敗戦による価値観の大転換の結果、戦時下にあって積極的に執筆活動を行った作家に対しては、しばしば時局便乗、戦争協力の烙印が押され、道義的な批判がしきりと行われた時期がありました。しかし私は、作家に対する評価は、国策文学を書いたか、書かなかったかによるのではなく、文学として後世に残る作品を書いたかどうかによって定めるべきだと考えています。〉という視点は重要である。

このような視点から、太平洋戦争の勃発した一九四一年（昭和十六年）から、朝鮮戦争勃発の一九五〇年（昭和二十五年）までの、いわば一九四〇年代の文学史が概説されている。その意味で、物語現代文学史の一九四〇年代の完成が待たれる。

第二部はこのような文学史観に基づいて、谷崎潤一郎『小さな王国』、三島由紀夫『仮面の告白』、中野重治『梨の花』、大岡昇平『少年』、谷崎潤一郎『卍』、円地文子『女坂』、島崎藤村『破戒』、『夜明け前』の作品構造の分析がおこなわれている。

本書は、大久保氏の文学史観を理解するうえでの好著だが、全体としては現代文学の宿命と構図の入門書といえる。その意味で現代文学の研究を志している、若手研究者必読の書だ。現代文学の宿命について本格的に論じてあるのは、前著『現代文学と故郷喪失』（高文堂出版社）である。文芸評論家としての大久保氏の本領が発揮されている。

私の研究の視点は、この書評でも記したが先生のご論稿「戦時下と敗戦直後の文学」が骨肉となったといってもいい。そういう意味で私にとって重要な意味をもつ、大久保先生の著作なのである。

高校時代の恩師は大久保典夫先生だが、学部時代にご指導を受けたのは浅野晃先生であった。詩人で文芸評論家であった浅野先生のご友人に福田清人氏がおられた。卒業後に浅野先生のご紹介で、一度だけお訪ねしたことがあった。福田氏のお弟子さんに岡田純也さんがおられたのだということを、卒業後に知ることになる。岡田さんとの出会いも、私にとっては重要な意味をもつことになる。

私よりも二年前、つまり二〇〇五（平成一七）年に定年退職された。そのお祝いの会が二〇〇五（平成一七）年五月二十二日にウェスティン都ホテル京都で開かれ、私も祝辞をのべた。

岡田純也氏が二〇〇五（平成十七）年度をもって、京都女子大学を定年退職された。京都女子大学附属小学校の校長を兼務されておられたことや、教務部長・図書館長等を歴任されての定年ということだ。岡田さんは研究者というよりも、有能な行政マンであり教育者だったのだなとつくづくと思う。京都女子大学における仕事がなによりの証左である。

そして、二〇〇五（平成十七）年五月二十二日には、ウェスティン都ホテル京都で盛大な退職記念祝賀会が催された。大学院生や卒業生等多数の皆様によって準備されたこともその証左であると思う。岡田さんは本当に幸せな人なのだなあと、大変羨ましく思う。

岡田純也氏との出会いは、日本児童文学学会の事務局が立教大学にあり、岡田さんが事務局長を任じておられた、一九六五（昭和四十）年頃だったと思う。私が学部を卒業して高校の教員になり、その二年目の時だったように思う。今から四十数年前のことである。

卒業論文で童話と童謡の雑誌『赤い鳥』を論じただけで、児童文学について何も知らない私に、いろいろとご指導をいただきました。例会での発表もさせていただきました。ある意味で、今日の私があるのも岡田さんのおかげである。ありがとうございました。

岡田純也さんの恩師は福田清人氏で、私の恩師は浅野晃である。この二人の先達は共通するお考えを持っておられたように思う。そのことが岡田さんと私との絆になっているようにも思える。爾来、岡田さんとのご厚誼が、今日まで続いているわけである。

私は二〇〇四（平成十六）年五月に、ＫＴＣ中央出版から、『子ども文化にみる綴方と作文――昭和をふりかえるもうひとつの歴史』を出版しました。これも岡田さんとの絆の賜です。ＫＴＣ中央出版の幼児教育への関わりのお誘いを、岡田さんからいただいたおかげです。一九八一年のことです。あらためてお礼を申しあげます。

日本児童文学学会の例会が立教大学で開かれ、毎回通ったことが昨日のことのように思い起こされる。倉澤栄吉氏と出会ったのは、この頃だったと思う。日本童話会賞の授与記念パーティーの席上であった。その倉澤氏が二〇〇九（平成二十一）年に白寿を迎えられ、日本国語教育学会と南部国語の会は研究会を開き、倉澤栄吉氏の白寿のお祝いをした。

その報告書『平成21年度国語教育研究会　「豊かで確かなことばの力をはぐくむ国語教育の創造」――学び手の言語生活を充実させる単元学習の展開――　「足跡Ⅰ」――倉澤栄吉先生の白寿をお祝いして――』（日本国語教育学会研究部・南部国語の会　二〇〇九・七・三〇）の、「足跡Ⅱ――倉澤栄吉先生の白寿をお祝いする言葉集――」に、私も「白寿を祝す――倉澤栄吉氏の口演童話論と私――」と題して、次のような文章を書いた。

倉澤栄吉様には恙く、白寿を迎えられたことを心からおよろこび申しあげます。

私が倉澤氏に初めてお会いしたのは一九六〇年代で、後藤楢根氏が主宰する日本童話会の、日本童話会賞の授与記念パーティーの席上であった。当時は学部を卒業した直後で、卒業論文の延長線上での児童文学研究を志していたので、楢根氏の方を向いていた。

高校の教師をしていたのだが、国語教育界には関心が無かった。しかし、倉澤栄吉氏が後藤楢根氏と深く御交詢のあったということは、強く印象として残った。同時に日本童話会の口演童話の理論家が、倉澤栄吉氏であることを知った。研究課題として〈日本童話会と倉澤栄吉〉を考えたが、口演童話を論じることは、当時の児童文学研究の課題として、やや時代遅れではないかと考えた。

それから十六年後の一九八〇（昭和五十五）年四月、東京学芸大学で国語科教育の講義を担当することになった。児童文学研究が主軸であったため、講義は自転車操業が続いた。そんな時期の一九八七（昭和六十二）年十月に、角川書店から『倉澤栄吉国語教育全集』の刊行が開始された。全十二巻と別冊の刊行で完結したのが一九八九（昭和六十四）年十月であった。

全巻を拝読しての私なりの驚きは、倉澤氏の口演童話論が全く収録されていないという事実であった。この事実を目の当たりにし、別巻の必要性を痛感するとともに、〈倉澤栄吉の口演童話論と国語教育〉は、私なりの重要且つ緊急の研究課題だという認識を新たにした。

倉澤栄吉氏の国語教育論の基盤にあるのは、口演童話を軸にした子ども文化活動なのである。この課題の解明こそ国語教育研究者の責務だと考えた。国語教育研究者の一人として、怠慢は許されないとも考えたが時が流れた。
幸にして木村太郎君が東京学芸大学大学院の二〇〇六年度修士論文『倉澤栄吉子ども文化論』で、そのことを詳細に論及してくれた。そのときに木村君は全集未収録の、倉澤氏のすべての論文・評論をコピーした。そのすべてが私の手許に倉澤氏にお目通しいただいて、編集した原稿としてある。倉澤栄吉氏の白寿のお祝いに出版できないだろうか。膠着状態の国語教育研究の打破になるのだが……。

小学校国語教科書の文学教材のすべてが、児童文学作品から採られているのに、児童文学研究と国語科教育研究は無縁、相入れないものという考え方が、国語教育研究界に蔓延している現実を考えると無理かもしれない。

（二）

日本児童文学学会への入会が、研究者としての道につながるわけだが、その大きなきっかけとなったのは、日本児童文学学会編『赤い鳥研究』を手にした時だった。この『赤い鳥研究』を手にした時の思いについては、日本児童文学学会編『日本児童文学研究の現代史――日本児童文学学会の四十年――』（小峰書店　二〇〇四・四）に、私の研究歴の一端を、「〈わたしと学会〉『赤い鳥研究』を手にした時」と題して、次のような文章を書いた。

私が日本児童文学学会に入会したのは、確か一九六五（昭和四十）年だったと思う。その学会編の『赤い鳥研究』が小峰書店から出版された年であった。この本をめぐる思いについて記したい。

私の卒業論文は『「赤い鳥」編集者としての鈴木三重吉』であった。復刻本などまだ出版されていない時代で、鳥越信氏と鈴木珊吉《さんきち》氏の蔵書を利用させてもらった。見も知らぬ一介の学生に公開してくださったことに対して、あらためて御礼を申し述べる。桑原三郎氏の『鈴木三重吉の童話』（私家版、一九六〇年）も参考にさせていただいた。多謝。

この卒業論文を『「赤い鳥」盛衰史』として高文堂出版社から自費出版したのが昭和四十四年である。そして、これを軸に『鈴木三重吉と「赤い鳥」』を、横谷輝《よこたにてる》氏の紹介で鳩の森書房から出版したのが昭和四十八年であった。卒業論文で作成した『赤い鳥』の童話と童謡の総索引は、日の目をみないままお蔵入りしてしまった。というのも学会編『赤い鳥研究』に総索引が収録されていたからだ。

『赤い鳥研究』を手にして思ったことは、考えていることは誰《だれ》もが同じなのだなということであった。それ以来研究を深めていくなかで、きっとどこかで誰かが同じことを考えているぞという、強迫観念を持つようになった。活字にしておいた方が勝ち、ということでともかく活字にしてきた三十九年間である。

学会と私ということでいえば、『赤い鳥研究』を手にした時の強烈な思いが、いまだに私の中に渦まいている。また、東京例会の担当の任にあたったこともあるが、研究大会の発表などをふまえて考えると、関東の若手研究者はひかえめで、関西の若手研究者は積極的というのが私的印象で、月例研究会開催ではかなり苦労したことを覚えている。しかし、最近はちょっと違うのかもしれぬ。

会報の編集にもかかわったが、紀要にしろ会報にしろフロッピーで原稿をという時代になったのは、あたり前なのだがいまひとつなじめない。私の勤務する東京学芸大学でも、フロッピーで書類提出があたり前になった。

始めのうちはワープロもパソコンも使えないんですと言ってきたが、そのうちにワープロもパソコンも使わないんですと言い方を変えている。大変な時代になったと思う。東京学芸大学の国語科にもう一人、パソコンを使わない人がいる。私と二人なのだが……。

学生に聞くと一時間に二〇〇〇字は打ち込むという。一時間に二〇〇〇字打ち込めるようになるまで練習するなら、一時間に二〇〇〇字は万年筆で清書できる。だからワープロもパソコンも使わないのだ。定年まで私はワープロもパソコンも使わない主義を貫こうと思っている。外圧にくじけずにいようとも思っている。

以上がその文章だが、研究を持続していくなかで、ひところまでは子どもに与える絵本は純児童文学の絵本でなければならないと、ひたすら思いこんでいた時期がある。

（三）

ひたすら子どもに与える絵本は、純児童文学でなければならないと思い込みながら、大衆児童文学の研究をしていった。大衆児童文学研究にのめり込んで久しいそんな時期のある日、我が子の一言で思い出して、私の小学生の頃の体験をふまえて、日本児童文芸家協会の『児童文芸』第四十九巻第三号（二〇〇三・六）に、「絵本をプレゼントの失敗」と題した、次のような文章を書いた。

小学生の頃、風邪で寝こんでしまったことがある。高熱でうなっている時、隣の小母さんが『ロビンソンクルーソー』の子供版をプレゼントしてくれたことがある。夢中で楽しく読んだことを覚えている。そのことが児童文学の研究にはまったきっかけではない。児童文学研究への道のきっかけは、高校時代に夏目漱石の作品を読破している時、浜田広介の『泣いた赤鬼』に出会ったことである。

大学を卒業して児童文学研究を志し、今日までの歩みがあるわけだが、『ロビンソンクルーソー』の完訳を読まなかったという経験から、アンデルセンの『おやゆび姫』の絵本の比較検討をおこなったことがある。

例えば、〈はなから　うまれた　かわいい　おやゆびひめは　あるひ、ひきがえるに　さらわれてしまいました。〉（ゴールデンシート声のえほん『おやゆびひめ』小春久一郎文　村瀬有紀絵　ひかりのくに　発行年不明）〉とか、〈おはなの　なかから　うまれたこ　ちいさな　かわいい　おんなのこ　おやゆびひめとよびましょう。〉（ダイヤモンド絵本文庫『おやゆびひめ』北村よしこ編集　久保田照絵　栄光社　発行年不明）〉とかいう絵本が存在していることを確かめたことがある。今から三十年前のことだ。

この「おやゆび姫」についての論考などをまとめて、『幼児教育のための児童文学』を昭和四十九年に高文堂出版社から刊行した。その後、増補版を出した。私の研究書のなかでは、この本だけは売れているらしい。

十数冊手にした『おやゆび姫』の絵本のなかで、唯一きちんとした訳は、ハンス・クリスチャン・アンデルセン作『おやゆびちーちゃん』木島始訳　堀内誠一画（福音館書店　昭四二・一二）一冊だけだった。

次のような訳である。

むかし、かわいいじぶんの子どもが、どうしてもほしいなあ、と思っている女のひとがいました。しかし、そのひとには、どこからそんな子どもを手にいれたらいいのか、まるでわかりませんでした。そこで、女のひとは、魔法つかいのおばあさんのところへいって、こういいました。

「かわいい子どもが、とってもほしくて、たまらないんです。ね、どこで見つけられるのか、おしえてくださいな。」

「ああ、いいとも、そんなの、わけないよ。」と、その魔法つかいはいいました。

「このオオムギをひとつぶ、もっていくんだね。――いいかい、これは、畑にはえたり、ニワトリが食べたりするのとは、ちがうんだよ。それを植木鉢にまいて、どうなるか見ていてごらん！」

「どうもありがとう。」と、女のひとはいって魔法つかいにお金を一クローネやりました。まっすぐ家へかえって、そのオオムギのつぶをうえると、すぐさま、美しい大きな花がのびてきました。それから、

学生に『おやゆび姫』の話をして、ほんものは『おやゆびちーちゃん』だよと言うと、全員がいぶかしげな顔をする。二十一世紀初頭の今でも、『おやゆびちーちゃん』がなじんでいない証拠なのだろう。子ども時代ににせものの『おやゆび姫』を読んでいるのかもしれない。同時に「おやゆび姫」という題名が定着している証でもある。

そこで、大人向けの文庫本『アンデルセン童話集（一）』大畑末吉訳（岩波書店　昭一三・一）所収の「親指姫」を紹介することにしている。こちらの訳は次のようになっている。

むかし昔、女の人がありました。その女の人は可愛らしい子供を、それはそれは、ほしがってゐま

した。けれども、どこへ行ったら授かるのか知りませんでした。そこで、魔法使の婆さんの所へ行って、かう言ひました。

「わたしは可愛らしい子供がそれはそれは、ほしいのですが、どこで授かるのか、をしへて下さいませんか。」

「あっ、いいとも、そんなことは何でもありゃしない。」と魔法使は言ひました。「この大麦のつぶを一つ進ぜよう。これはの、百姓の畑に生えたり、鶏のゑさになったりする普通の大麦とは、全く別のものだよ。これを植木鉢にまきなされ。何か生えてくるだろうよ。」

「有難うございます。」と女の人は言って、魔法使に十二シリングやって、うちへ帰りました。そして、大麦の粒をまきました。すると、見る見るうちに綺麗な大きな花が生えてきました。

大きな違いは一クローネと十二シリングで、訳の底本の問題なのだろう。木島始氏は女の子は始めからお姫さまではないからおやゆびちーちゃんでありお金はクローネとしたと。

そんなわけでわが家ではほんものの絵本をクリスマスプレゼントにしていた。最近言われたことは、家はプレゼントはいつも絵本だったね。よそんちはみんなおもちゃだったよと。

以上がその文章だが、あらすじだけの絵本を子どもに与えることは、絶対に良くないと私は考えている。そういう前提にたって、娯楽としての子ども文化も視野に入れておきたいというのが、私の基本的な姿勢である。そういう考え方が本書に反映しているという自負が私にはある。

（四）

本書がどのような意味をもつかについては、「はじめに」に記してある。本書は娯楽としての子ども文化を軸にした国語教育研究だが、研究を離れて短歌や俳句も書いてきた。しかし、短歌や俳句はもう書けないだろうという思いが湧いてきたのが二〇〇一（平成十三）年である。そこで、これまで書いてきた短歌・俳句を整理して、二〇〇一（平成十三）年六月に『句歌　転逢』（私家版）をまとめた。俳句のほうにいくぶん脈があるというのが、友人たちの評だがその才はなさそうだ。

その後に作歌したのはたった三首である。この歌以外には無い。録しておく。

歩けよと妻と共ども老いの身も腰痛のまま散策に出る（平15・7・2）

梅雨空にアスファルト路を過りゆく蜥蜴一匹街のはずれに（平16・6・17）

卒寿過ぎなお歩みゆく車椅子、飯懸命な母守る妻は（平16・9・30）

三首めは妻の歌に触発されたのだが、その妻の歌を添削したのが、

卒寿過ぎ座す車椅子、義母の背に我を重ねつつひたすら歩む　　桂子

という歌である。

妻は鹿児島県の出身である。小学生の頃、葛を綯って綱引きをしたらしい。その思い出を妻が詠んでいる。

葛を綯い綱引く友の面影に月明り越え元気をもらう　桂子（平18・9・30）

妻には歌に対する感興はあるらしい。私は二〇〇七（平成十九）年三月に定年になった。しかし、いま

だに句歌に対する感興は湧かない。そんなわけで水墨画を習いはじめた。

（五）

定年にかかわって、定年前に日本児童文学学会第四十三回研究大会の会場校を引き受けて、二〇〇四（平成十六）年十一月六日七日の二日間を無事に終えることができた。定年前の大仕事だった。人に恵まれているのだなということを、つくづくと感じた研究大会であった。

そのことを「日本児童文学学会会報」第五十三号（日本児童文学学会　二〇〇四・一二・二五）に、「第四十三回研究大会を終えて」と題して次のような文章を書いた。一応、研究大会実行委員長であった。

日本児童文学学会第四十三回研究大会を無事に終えることができた。発表者をはじめ司会者のご協力に心からお礼を申しあげる。会員各位も多数ご参加いただけたことにもお礼を申しあげる。講演の鷲津名都江氏のお話も有意義だった。東京学芸大学学長鷲山恭彦氏においでいただけたこともありがたかった。

会場校としては、昭和六十二年十月に第二十六回研究大会を引き受けているのだが、今回の研究大会の会場校を引き受けた当初、児童文学研究ゼミは休ゼミ中だし、院生はいないということで不安だった。第二十六回はほぼ二十年前で若さがあったが……。東学大には会員は大井田義彰氏と半田敦子氏はいるのだが……。

幸なことに大学院に竹重泰見さんが入学したので、事務的なことはやってくれる。連合大学院に張桂娥さんがいる。そんな人的なことを考えながら、ともあれ実行委員会をたちあげることにした。

会員外から昭和文学会に所属している眞有澄香氏と助手の奥田久美子氏に協力してもらうことにした。眞有氏は昭和文学会の研究大会に二回その準備等にかかわったので、頼もしい実行委員となった。理事会から宮川健郎氏が加わってくれたこともありがたかった。

会場費が不要になったのは、奥田氏のおかげである。大会当日は大井田研の院生と学生が多数協力してくれた。山田有策研の学生も協力してくれた。共に大正文学と明治文学で卒論を書く学生なのだが、大井田氏の人徳の賜である。その大井田氏が会計の一切を処理してくれた。おおいに助かったしありがたかった。奥田氏が宇都宮短期大学附属高校に転出した後を受けて、大國真希さんが尽力してくれたこともありがたかった。

大会参加者は百四十名であった。それなりに研究大会は盛会裏に終了したと自負している。

日本児童文学学会の事務局を、東京学芸大学で引き受けろというのが、向川幹雄氏からの要請であった。しかし、パソコンを使わない私にはとても無理な話であった。その結果が研究大会校となったわけである。

㈥

東京学芸大学に二十七年間勤務し、多くの学部学生と大学院生を指導してきた。その一人に木下一朗君がいる。彼は『根本正義著作目録』（赤い鳥文庫　平成一七・六・一）を編んでくれた。木下君と共に記しておきたい教え子に、本間ちひろさんと米谷茂則氏がいる。

本間ちひろさんは在学中に、『本間ちひろ詩集　金魚のでんわ』（書肆楽々　二〇〇一・一二・八）を出版した。同書に私は「本間ちひろさんのこと」と題して次のような文章を書いた。

本間ちひろさんは東京学芸大学大学院に、在学中の研究者の卵だが、イラストレーターとしてすでにデビューしているといっていい。拙著『詩と童謡の校長歳時記Ⅰ』（らくだ出版　二〇〇一・六）と、北川幸比古著『アルプスの音楽隊』（桜企画　二〇〇一・七）の、装画と本文イラストはプロ級である。

桜企画の代表はヨーデル歌手の北川桜さんで、幸比古さんのお嬢さんだが装画はしっかり桜さんがイメージされている。なかなかのものだ。

二冊の装画の世界は全く異なる。才能なのだろう。と考えていてふと思うのは、児童文学書の装画やイラストの既成の概念を、根底から小気味よく壊してくれるだろうという期待が、本間さんにもてるということだ。ただし、編集者に冒険心があればの話だ。編集者の認識を変えるのがこれまた大変だ。

絵心がそのまま詩の世界に結びついたのだろう。詩集『金魚のでんわ』を読んで、そう思った。そして、なによりも本間ちひろさんの主張で詩集全体が貫かれていて、読み手に感動を与えてくれる。

私は一応校長職にあり、毎週月曜日に詩と童謡を中心にした話をしている。その材料探しに百冊近くの子どものための詩集を読んだが、この詩や童謡で何かが話せるという作品はあまりにも少なかった。一冊の詩集に一、二編あるかなしかだった。詩人の主張が全面に出すぎていて、普遍性がないからなのだ。昇華されていないのである。私小説風な私詩なのである。

そこへいくと、本間ちひろさんの詩集『金魚のでんわ』では、どの詩も講話の材料になる。そういう作品がすべてだといってもいい。誰の詩でもなく、まさしく本間さんの詩そのものなのだが、確かに昇華されているからなのだ。

冒頭からみていくと、「貝がらアパート」は臨海学校にかかわって話せる。「てんとうむし」は校庭のどこかでてんとう虫を見つけた子がいたら、そのことを話題にしながら読んであげられる。「蝉」は蝉の声が聞こえだしたら、季節のことを話題にしながら紹介できる。「だに」は清掃にかかわって読んであげられる。どの作品も、子どもの生活体験や実感にねざして話題にできるのである。

「なめくじ　(1)(2)」は昨年、プランターの傍でなめくじを見つけた子がいたので、雑草とのかかわりで紹介した。だから、「なめくじ」「なめくじはいいね」「なめくじ　歩く」は当然講話の材料になる。「ふでばこの中」の四編は、勉強にかかわって読んであげたいし、「おかしの歌」の六編は、夏休み前と夏休み明けか、冬休み前と冬休み明けの新学期の話に使える。

校長の任期は来年までである。五月か六月頃に一年生が落ちついてきたら、「きままにあいうえお」を読んであげたいし、「わたし」の十四編は子どもの学校生活の中での体験と実感をふまえながら読んであげたい。この中の「むしば」は昨年、歯科検診にかかわって紹介した。

百冊以上の子どものための詩集を読んで、　この二年半の講話で紹介した作品は、約百四十編位だから話にならないのだ。それらの詩集の詩人の人生観はわかる。季節感もわかる。

しかし、季節はなぜ春と秋ばかりなのだろう。話材としては使えないのである。

それらに比べると本間ちひろさんの詩集『金魚のでんわ』のすべての作品が、校長講話の材料になるのである。詩のありようは本間ちひろさんの作品のようにあるべきだと、つくづくとそう思うのは私だけだろうか。本間ちひろさんの詩論、詩人論に期待しているのだが、大いに期待していいという確信を、この詩集をよんで持てたことは嬉しい。そして、詩人としても大成してくれるであろうという、確かな思いが私の中に沸々と沸いている。

本間ちひろさんは現在もイラストレーターとして、あるいは詩人として活躍中である。書肆楽々から出版した『詩画集いいねこだった』で、日本児童文学者協会新人賞を受賞している。料理番組にもかかわる等の活躍もしている。

米谷茂則さんは現職教員のまま、東京学芸大学大学院修士課程から東京学芸大学大学院連合学校教育学研究科（博士課程）に進学した。そして博士の学位を取得という快挙を成しとげた。私は嬉しかった。そこで連合学校教育学研究科の広報誌『FORUM』第八号（平成一六・三）に、「現職で博士号取得の快挙」と題した次のような文章を書いた。

米谷茂則氏に会ったのは、一九九八（平成十）年度の大学院修士課程の口頭試問の時であった。共に初対面である。読書指導について修士論文を書くということだったので、私が指導することになった。修士論文は「児童主体の児童の学習・実践論」であった。修了は二〇〇〇（平成十二）年三月である。

二〇〇〇（平成十二）年には連合大学院に合格し、研究を持続させた。博士学位論文は「小学校児童の絵本読書指導論」で、めでたく二〇〇三（平成十五）年三月に教育学博士の学位を取得した。その間、千葉大学の明石要一教授および佐藤宗子教授、横浜国立大学の府川源一郎教授、本学の山田有策教授の指導を受けた。

小学校の現職教員であったため、修士課程は昼夜開講コースであったが、二年できちんと修了した。博士課程も三年で博士号の取得という快挙を成し遂げたのである。まさに快挙といっていい。

眞有澄香氏が山田有策教授の指導を受けて、同時に教育学博士の学位を取得した。眞有氏と米谷氏は共に研究の面で、刺激しあいながら研究を持続させたことが良かったのかもしれない。

米谷氏は現職でありながら、博士の学位を取得するまでに2冊の著書を刊行した。これもまた快挙である。すなわち、『学校図書館のひずみ』（高文堂出版社　二〇〇〇・一二）と、『児童主体の創造を表現する読書の指導』（高文堂出版社　二〇〇二・一）の二冊である。連合大学院の在学中に著書を刊行したということは、これまでになかった稀なことだといえるのではなかろうか。

米谷茂則氏は確かな問題意識を持っていたし、現在も持っている。抽象的ではない具体的な問題意識である。往々にして抽象的な問題意識だけで、大学院に在籍するという院生が多いように思われる。そういう意識が博士論文を完成させ難い壁になるのではないだろうか。具体的な問題意識あるいは課題意識を、ひとつひとつ解決していくことによって、それが仮説の論証になるのである。米谷氏は修士課程の二年間、そして博士課程の三年間でそれを成し遂げたのである。

具体的な問題意識は単純な疑問だといってもいい。その単純な疑問を数多く持っているかどうかが、博士論文完成のための鍵になるように思える。私のこの考え方を米谷氏はきちんと証明してくれた。つまり、単純な疑問を解決していく過程こそ、仮説の論証そのものに他ならないのだという、私の波長と米谷氏の波長が合致したのである。そのことを米谷氏の論文と著書がなによりも証明してくれている。

米谷氏の教職歴は長い。その教職歴の中で単純な疑問が未解決のまま年月を重ねたのだろう。単純な疑問解決のために修士課程の受験を決意させ、博士課程への進学を決意させたのだと私は勝手に考えている。その意味で主指導教官としての苦労は全くなかったといっていい。ただ、小学校の現職の教員ということで、論文の文体を持ちあわせていなかったために、文章の添削では苦労した。しかし、論文の文体として完成させてあげることができたかどうかは、いまだに不安として私の中にある。

米谷茂則さんは二〇〇九（平成二十一）年十月に、『小学校上学年児童から中学生の読書の研究　付論・戦後の高校生が読書してきた作品　戦後高等学校読書指導実践小史』（現代図書）を出版した。この研究書の出版もまた快挙である。国語科教育研究が低迷している情況へ、まさしく活を入れてくれた快挙である。

早世を惜しまれる教え子に丹和浩君がいる。私の東京学芸大学勤務と同時に入学し、私が彼らのクラス担任をした。そして、二〇〇七（平成十九）年五月三十一日に享年四十六歳で逝った。私の定年退職の二ケ月後にである。私の定年退職を病床でしっかり見守ってくれていたのであろう。

故丹和浩君を偲ぶ会が、二〇〇七（平成十九）年八月十一日に東京都練馬区勤労福祉会館で催された。その時の弔辞をここに録し、あらためて故丹和浩君を悼むことにする。

追悼　丹和浩君

丹和浩君、あなたの黄泉路への旅立ちは、あまりにも早く、悲しく、無念であり、残念であり、寂しさはひとしおです。

あなたが東京学芸大学に入学した年、一九八〇年の四月、同時に私も東京学芸大学に勤めたのでした。あなたはそのことを米谷茂則さんが代表となって企画進行してくれた、私の定年退職記念出版『研究とエッセー 文学と教育の周縁』に書いてくれました。編集委員も引き受けてくれました。この頃なのでしょうか。病気が再発したのは。それでも、「「飾らない」こと」と題した文章を、病の床にありながら執筆してくれました。そうだった、そうだったのだと、あらためて思い起こしました。

丹和浩君、あなたと私は専門分野を異にしていたため、大泉地区の附属での交流の場でしか、親しく話をする機会はありませんでした。専門分野を異にしていたとはいえ、あなたの研究の姿勢には興味関心を持っていました。研究を活字にして残すということでは共通します。

あなたの研究歴は小池正胤先生と共にありました。小池先生の「叢の会」と共にありました。「叢の会」の機関誌『叢』は学界でも高く評価されているとお聞きしました。あなたを始めとして、多くの研究者が育っているという事実が、何よりもそのことを証明してくれています。あの重厚な雑誌『叢』に込められた、熱い研究の情熱が雑誌を頂戴する度に、ひしひしと伝わってきました。

丹和浩君、あなたの研究は夫唱婦随、黒石陽子さんと共にありました。赤本・黒本・青本などのことは門外漢なので全くわかりませんが、東京学芸大学付属図書館で蒐集した、貴重な江戸の双六へのあなたの解説には興味をひかれました。江戸の子ども文化についての研究者は、「叢の会」から加藤康子さんが育っていますが、その方面の研究を、丹君あなたに深めていただきたかった。黄泉路へ旅立たれた今、本当に残念です。

あなたは子ども文化にも関心を持っておられた、類稀な江戸文学の研究者でした。そのことは、文学と教育の会の学術雑誌『文学と教育』第三十八集に執筆された、「『こがね丸』の文体の再検討」という論文が証明してくれています。一九九九年十二月のことです。

丹君、あなたは東京学芸大学大学院連合学校教育学研究科学校教育学専攻（博士課程）に現職のまま在学し、研究を深めました。小町谷照彦先生が主指導教官でした。小町谷先生の定年退官の後を引き受けたのは私でした。

二〇〇二年三月にあなたは、学位請求論文「『往来物』研究——江戸時代の教育と文化」で博士（教育学）の学位を取得しました。

私の許で丹和浩君と同様に、現職で博士の学位を取得したもう一人は米谷茂則氏です。この二人は私の誇りであります。共に学位論文を出版されたことも貴重です。

学位論文の出版は、連合大学院では丹和浩君、あなたを含めてこの十数年間にたったの四人です。しかも、言語文化系教育講座のみです。丹君、あなたは連合大学院の発展にも寄与したのです。

丹和浩君、あなたは私の定年退職記念の雑誌『学芸国語国文学』第三十九号にも、「初等教育用国定国語教科書における御製及び和歌——国家主義的要素と文学的要素」と題した論文を執筆してくれました。本年三月のことです。大変ありがたいことです。

あなたは筆まめでした。近況をあれやこれやと伝えてくれました。私の最終講義に山根正博君と共に出席する予定が、体調が悪いということで来られませんでした。心配しました。

しかし、あなたは確かなしっかりした字で、二月下旬に最終講義欠席の詫び状を書いてくれました。そこには講談社文化の事が書いてありました。江戸文学に端を発している講談社文化に、あなたの関心もあったのだと嬉しく思いました。そして、その手紙は〈今後病状がどう転ずるかわかりませんが、安定するような時期が来ましたら、あらためて御挨拶申し上げたく存じます〉と結ばれてありました。

江戸文学研究者ならではの、丹君愛用の鳩居堂の書簡箋にです。その手紙で私は安心しました。

ところが六月の初旬、突然あなたの訃報が、湯浅佳子さんと表賢司君から届きました。あなたの手紙がよぎりました。なのに、なぜ、そんなに早い黄泉路への旅を。ある時期の手紙は字が踊っていましたが、あの手紙は確かな字で、丹君の思いが綴られていたのに。

丹和浩君、あなたは三月に確かな論文を執筆しました。教科専門をふまえた教科教育にかかわる論文を。連合大学院の精神、いってみればそれは、東京学芸大学国語教育講座、現在は日本語日本文学研究講座の精神でもあります。丹和浩君、ありがとう。丹和浩君、あなたの研究の姿勢、その精神は受け継がれていくはずです。

私の退職記念の『学芸国語国文学』に執筆した論文が、あなたの遺稿になってしまいましたね。いい論文を残してくれました。ありがとう。ありがとう。四月の病状の急変以後は、壮絶な闘病生活だったのではないでしょうか。どうぞ安らかにお休み下さい。

ともあれ、定年前の最後の大仕事は最終講義であった。講義題目は「私の国語教育研究の軌跡――東京学芸大学での二十七年間をふりかえる――」であった。二〇〇七（平成一九）年二月七日のことである。この講義ではレジュメではなく最終講義録として、冊子を作成しての講義であった。一般的にはレジュメだが、最終講義録を当日配布しての講義は、私が初めてではないかと思っている。

私の国語教育研究歴の、区切りとしての意味もあるので、それを本書に収録してある。この講義録を含めて、本書が今後の健全な国語教育の研究と実践が展開されるための、礎石となることを願って筆を擱くことにする。

庚寅仲春（二〇一〇年）

根本正義

根本正義著書一覧

『鈴木三重吉と「赤い鳥」』　鳩の森書房　昭和48（一九七三）年1月
『幼児教育のための児童文学――子ども文化と絵本・幼年童話――』　高文堂出版社　昭和49（一九七四）年10月
『昭和児童文学論』　高文堂出版社　昭和50（一九七五）年8月
『子どもの本の世界』（高文堂新書　8）　高文堂出版社　昭和51（一九七六）年6月
『昭和児童文学案内』（高文堂新書　9）　高文堂出版社　昭和51（一九七六）年8月
『高等学校国語教育と児童文学』（高文堂新書　17）　高文堂出版社　昭和52（一九七七）年9月
『鈴木三重吉の研究』　明治書院　昭和53（一九七八）年11月
『昭和児童文学の研究』　高文堂出版社　昭和59（一九八四）年4月
『国語教育の遺産と児童文学』　高文堂出版社　昭和59（一九八四）年5月
『新美南吉と児童文学』　高文堂出版社　昭和62（一九八七）年1月
『国語教育の理論と課題』　高文堂出版社　昭和62（一九八七）年9月
『読書教育と児童文学』　双文社出版　平成2（一九九〇）年9月
『国語教育の創造と読書』　日本書籍　平成3（一九九一）年2月
『児童文学のある教室』　高文堂出版社　平成4（一九九二）年9月
『子どもと教育とことば』　高文堂出版社　平成6（一九九四）年3月
『児童文学批評と国語教育――昭和20年代の文献と解題――』　高文堂出版社　平成6（一九九四）年10月
『子ども文化と教育のひずみ』（現代ひずみ叢書　8）　高文堂出版社　平成8（一九九六）年11月

『マンガと読書のひずみ』（現代ひずみ叢書　12）　高文堂出版社　平成10（一九九八）年9月
『国語教育と戦後民主主義のひずみ』（現代ひずみ叢書　18）　高文堂出版社　平成11（一九九九）年11月
『子ども文化にみる綴方と作文――昭和をふりかえるもうひとつの歴史』　KTC中央出版　平成16（二〇〇四）年5月
『占領下の文壇作家と児童文学』　高文堂出版社　平成17（二〇〇五）年11月

編著

『文学教育基本用語辞典』大久保典夫、鈴木敬司と共編　明治図書　昭和61（一九八六）年4月
『少年小説体系　第10巻　戦時下少年小説集』　三一書房　平成2（一九九〇）年3月
『教室の中の古典と近代文学』　KTC中央出版　平成4（一九九二）年10月
『少年小説体系　第16巻　佐藤紅緑集』紀田順一郎と共編　三一書房　平成4（一九九二）年12月
『国語教育基本文献』　高文堂出版社　平成5（一九九三）年11月
『少年小説体系　第27巻　少年短編小説・少年詩集』二上洋一と共編　三一書房　平成8（一九九六）年9月
『占領下の文壇作家と児童文学　索引』　高文堂出版社　平成17（二〇〇五）年12月

根本正義（ねもと　まさよし）
一九四二年、東京生まれ。一九六四年、立正大学文学部国文学科卒業。一九七一年、立正大学大学院修士課程修了。現在、東京学芸大学名誉教授。日本文芸家協会会員。
著書に『詩と童謡の校長歳時記』（全四巻）らくだ出版、『子ども文化にみる綴方と作文――昭和をふりかえるもうひとつの歴史』ＫＴＣ中央出版、『占領下の文壇作家と児童文学』高文堂出版社、他多数。

国語教育とマンガ文化
――二十一世紀の課題と提言――

２０１０年9月29日　初版第1刷　発行

著　者　根本正義

発行者　ゆいぽおと
〒４６１―０００１
名古屋市東区泉一丁目15―23
電話　０５２（９５５）８０４６
ファックス　０５２（９５５）８０４７

発売元　ＫＴＣ中央出版
〒１１１―００５１
東京都台東区蔵前二丁目14―14

印刷・製本　富士リプロ株式会社

内容に関するお問い合わせ、ご注文などは、すべて右記ゆいぽおとまでお願いします。
乱丁、落丁本はお取り替えいたします。

JASRAC 出1010454-001
ISBN978-4-87758-431-3 C1095